VADE-MÉCUM
do agente da
PASTORAL CARCERÁRIA

Evaristo Martín Nieto

VADE-MÉCUM
do agente da
PASTORAL
CARCERÁRIA

Tradução, adaptação e notas:
Ir. João Orestes Fagherazzi, fms
Psicólogo clínico, Criminólogo e Assessor Técnico da Coordenação
Nacional da Pastoral Carcerária

Dados Internacionais de Catalogação na Publicação (CIP)
(Câmara Brasileira do Livro, SP, Brasil)

Martín Nieto, Evaristo
 Vade-mécum do agente da Pastoral Carcerária / Evaristo Martín Nieto; [tradução, adaptação e notas João Orestes Fagherazzi]. — São Paulo : Paulinas, 2008. — (Coleção pastoral carcerária)

 Título original : Pastoral penitenciaria : guía del voluntario cristiano de prisiones
 Bibliografia.
 ISBN 978-85-356-2228-7
 ISBN 84-285-1356-2 (ed. original)

 1. Igreja - Trabalho com prisioneiros 2. Manuais, vade-mécuns etc. I. Título II. Série.

08-01353   CDD-253.7

1. Pastoral carcerária : Agentes : Vade-mécuns : Cristianismo   253.7

Título original da obra: *Pastoral penitenciaria: guía del voluntario cristiano de prisiones*
© San Pablo Comunicación SSP, Madrid, 1990

Direção-geral: *Flávia Reginatto*
Editora responsável: *Luzia M. de Oliveira Sena*
Assistente de edição: *Andréia Schweitzer*
Revisão técnica: *Nardier João Orsi (Demétrio)*
Copidesque: *Jane Pessoa da Silva*
Coordenação de revisão: *Marina Mendonça*
Revisão: *Ana Cecilia Mari*
Direção de arte: *Irma Cipriani*
Gerente de produção: *Felício Calegaro Neto*
Produção de arte e capa: *Manuel Rebelato Miramontes*

Nenhuma parte desta obra poderá ser reproduzida ou transmitida por qualquer forma e/ou quaisquer meios (eletrônico ou mecânico, incluindo fotocópia e gravação) ou arquivada em qualquer sistema ou banco de dados sem permissão escrita da Editora. Direitos reservados.

Paulinas
Rua Pedro de Toledo, 164
04039-000 – São Paulo – SP (Brasil)
Tel.: (11) 2125-3549 – Fax: (11) 2125-3548
http://www.paulinas.org.br – editora@paulinas.com.br
Telemarketing e SAC: 0800-7010081

© Pia Sociedade Filhas de São Paulo – São Paulo, 2008

Apresentação

A prisão é uma instituição tão antiga quanto a sociedade organizada. A história dos povos faz sempre menção às prisões, com esta ou aquela denominação, e aos presos encarcerados em algum lugar, excluindo-os do convívio social.

A autoridade constituída encarcerava presumíveis delinqüentes em lugares sórdidos para que expiassem e experimentassem os custos da infração dos códigos normativos da sociedade. Em outras circunstâncias, esta mesma autoridade os protegia das iras e vinganças das vítimas, encerrando-os para, posteriormente, com tranqüilidade, impor-lhes uma justa pena.

Seja qual fora a razão da prisão, o fato de sua existência evocava os mais duros qualificativos aos encarcerados. A sociedade sentia-se mais segura ao saber que o delinqüente estava condenado e confinado. Vivia-se o período do maniqueísmo dos maus e dos bons cidadãos. Os maus eram os aprisionados.

Felizmente, a sociedade evoluiu e superou o clima maniqueu dos bons e dos maus. Contudo, a prisão continua a atravessar os tempos, mantendo sua imagem de lugar de sofrimento e de purgação. A reinserção social ainda constitui uma grande utopia para o sistema penitenciário. O que se consegue ao submeter um ser humano ao sofrimento, se depois, ao regressar à sociedade livre, ele volta a delinqüir? O I Congresso da ONU sobre a Prevenção do Delito e Tratamento do Delinqüente, celebrado em Genebra, em 1955, estabelece que, além de proteger a sociedade contra o crime, as penas privativas de liberdade buscarão a reabilitação social dos apenados (Regras Mínimas para o Tratamento dos Reclusos, ONU, arts. 58 e 61). Na Espanha, a Lei Orgânica Geral Penitenciária, de 1979, inspirada nas idéias do Congresso de Genebra, estabelece no artigo 1º que a prisão tem como fim primordial "a reeducação e a reinserção social dos presos apenas[...], assim como a retenção e custódia dos apenados".*

É incalculável o salto qualitativo que se operou ultimamente no tema delito-pena-prisão-reabilitação. Hoje, nenhum poder justificaria a prisão somente como lugar de pena para dissuadir ou para pagar uma espécie de dívida de dor pela dor causada; nem tampouco como um espaço de separação para a tranqüilidade do cidadão. A sociedade, com a prisão, trata de eliminar as causas da reincidência, além da guarda do delinqüente. A sociedade progrediu na compreensão do crime e do delinqüente, da instituição prisional e do apenado.

Entretanto, enquanto a sociedade não descobre outros métodos alternativos para as prisões, estas continuarão a subsistir. A sociedade questiona-se, porém, sobre a legitimidade das prisões; se estas, enquanto custodiam os delinqüentes encarcerados, não conseguem que o apenado, após cumprir sua dívida, retorne à sociedade livre reabilitado para integrar-se à mesma como cidadão tranqüilo.

Esse objetivo prioritário interpela as instituições penitenciárias e a própria sociedade. A realidade nos assevera que os presos estão muito bem custodiados para não fugirem, contudo, sua situação carece de muitos aspectos humanitários, que são patrimônio de todo cidadão, e sua reabilitação na prisão (objetivo primordial) é praticamente nula. Pesquisas demonstram que a prisão é, na maioria das vezes, uma escola de delinqüência. Por isso, fala-se da falência do sistema penitenciário atual em todos os países, apesar das mudanças realizadas e dos serviços introduzidos com fins de reabilitação: assistentes sociais, psicólogos, psiquiatras, criminólogos...

Em vista dessa situação falimentar da instituição e de seu caráter "escolar", a sociedade sensibiliza-se com os encarcerados, interessa-se por sua sorte e trata de oferecer meios materiais e humanos, orientados por motivações humanitárias e também por espírito de solidariedade cristã.

---

* No Brasil, a LEP (Lei de Execução Penal) vigente (Lei nº 7.210, de 11 de julho de 1984) estabelece em seu "art. 1º A execução penal tem por objetivo efetivar as disposições de sentença ou decisão criminal e proporcionar condições para a harmônica integração social do condenado e do internado". (N.T.)

A solidariedade cristã interpela a muitos sobre a pessoa marginalizada, qualquer que seja a razão de sua marginalização, conforme o dito "guerra ao delito e amor ao delinqüente". Todos temos consciência de que o encarcerado é o ser mais marginalizado e mais reprimido.

Na mente de muitos cristãos e pessoas de boa vontade energizam-se as palavras de Cristo: "estive preso e viestes me trazer uma palavra de esperança", que constituirão um dos pontos do definitivo juízo da vida, ou aquelas da Carta aos Hebreus (13,3), com as quais o autor recomenda o amor fraterno: "lembrai-vos dos presos como se estivésseis com eles encarcerado".

Inúmeras pessoas, guiadas pelo desejo de prestar ajuda aos presos, encontram o caminho das prisões, almejando que o preso retorne reabilitado ao seu lar ou que sua vida no entremuros da prisão seja menos penosa e desumana.

As Regras Mínimas para o Tratamento dos Reclusos, da ONU, anteriormente citadas, afirmam no art. 16 que "o tratamento deverá reforçar o fato de que [os presos] continuam fazendo parte da sociedade". Para isso, deve-se contar com a cooperação de organismos da comunidade que apóiem o corpo técnico do estabelecimento em sua função de reabilitação social dos presos. Cada estabelecimento prisional deverá contar com a colaboração de assistentes sociais, responsáveis pela manutenção do vínculo familiar do preso, e com instituições sociais que lhes possam ser úteis.

O Congresso da ONU não faz referência explícita aos grupos de voluntários da Pastoral Carcerária, sem dúvida porque ainda não existiam; porém, implicitamente, os têm em conta, sugerindo sua importância e necessidade. Movidos por esta necessidade, realizaram-se, na Espanha, dois congressos nacionais sobre o voluntariado cristão nas prisões, em 1986 e 1988, criando equipes da Pastoral Carcerária, que atuam organizada e desinteressadamente para humanizar a vida prisional e reabilitar os presos.*

Oxalá a Pastoral Carcerária se consolide e surja em todos os estabelecimentos penais como trabalho que a Igreja vem prestando à instituição prisional.

---

* No Brasil, a CNBB assumiu essa pastoral, inserindo-a como uma Pastoral Social. Hoje, existe uma Coordenação Nacional da Pastoral Carcerária que conta com dezoito coordenadores estaduais e incontáveis equipes diocesanas. (N.T.)

Enquanto aguardamos novas formas de equacionar os problemas da delinqüência, consideramos um imperioso dever de solidariedade humana fazer o que estiver a nosso alcance para que a prisão seja cada vez menos desumana, pois assim será mais cristã. A prisão é, sem dúvida, um lugar de sofrimento e isolamento, e devemos ter sempre em mente que o preso continua sendo uma pessoa e, na visão cristã, um filho de Deus, cidadão com seus direitos humanos, exceto os afetados pela sentença cominada.

Os que conhecem os condicionamentos da população carcerária e os efeitos deteriorantes da mesma, reconhecem a complexidade dessas situações e a dificuldade para equacioná-las. Não basta boa vontade para integrar-se ao complexo trabalho da Pastoral Carcerária. É mister viver as motivações cristãs para penetrar nas prisões e ter um mínimo de conhecimento da pedagogia penitenciária. O presente livro, que nos oferece Evaristo Martín Nieto, fruto de seu afeto cordial pelos presos e dos muitos anos dedicados a ser testemunha do Evangelho entre os aprisionados nas mais variadas circunstâncias de pessoas e meios, tenta oferecer aos agentes dessa pastoral uma luz para entender a vida do encarcerado e algumas pautas de atuação para que seus esforços atinjam as metas propostas.

Nestas páginas, descreve-se a vida carcerária com toda sua complexidade, com suas contradições e com a crueza que ela encerra e, depois, abrem-se caminhos de atuação. O profissional da Pastoral Carcerária verá confirmados seus conhecimentos, todavia, importa informar e ambientar o principiante com relação aos problemas que vai encontrar no trabalho apostólico que intentará realizar.

Oferecemos este livro aos agentes da Pastoral Carcerária, com a esperança de trazer uma ajuda aos que desejam assumir esse compromisso em nome da Igreja.

Dom Ambrosio Echebarría
Bispo coordenador da Pastoral Carcerária

Introdução

Anos atrás este livro teria sido um grito no deserto. Não teria encontrado ressonância nem na sociedade nem na Igreja. Talvez, nem teria sido possível publicá-lo. Da Pastoral Carcerária nem se cogitava. Em cada estabelecimento penal havia um capelão que exercia seu apostolado sozinho. Trabalho ignorado por todos. A Igreja tranqüilizava-se em saber que os presos estavam sendo atendidos pelo capelão. As comunidades cristãs, tal qual a sociedade em geral, não tinham o menor interesse pela prisão e pelos seus habitantes. A prisão era um espaço fechado por detrás de muros intransponíveis. As vozes dos presos, se é que existiam, não ultrapassavam o recinto, não eram por ninguém ouvidas. A sociedade, o povo de Deus, alienava-se absolutamente do mundo carcerário. Se porventura, alguma vez, seu pensamento se voltasse para esse mundo, era para desejar e para pedir que continuasse ignorado, esquecido, marginalizado do mundo da liberdade e da tranqüilidade em que a sociedade e a Igreja jaziam instaladas.

Hoje tudo mudou; e isso graças a dois acontecimentos transcendentes, um político e outro eclesial: o surgimento da democracia e a celebração do concílio. Com a democracia abriram-se as janelas e as portas das prisões, não apenas para que entrasse a luz do mundo livre e os presos pudessem contemplar o que está ocorrendo fora, mas também para que de fora se pudesse ver o que ocorria no seu interior. Num regime democrático não deve haver nada oculto, tudo deve estar exposto à luz do dia para que possa ser julgado pelo povo, pelos membros da comunidade. Hoje, a sociedade está mais informada do que se passa nas prisões e conhece muitos dos problemas que martirizam constantemente aqueles que, por razões mais diversas, navegam no barco das instituições penais. Problemas estes que não podem ser equacionados em plenitude nem pela instituição carcerária nem pelos recursos do Estado, senão pela sociedade toda.

O concílio fez circular novos ares de liberdade evangélica por todos os espaços geográficos da Igreja. Tornou-se claro que a Igreja de Cristo é a Igreja de todos os pobres; que o espelho em que Jesus Cristo deixou gravada a efígie de sua Igreja é o Evangelho, no qual a mesma deve espelhar-se cada dia para não trair a imagem que seu fundador fez dela. E assim surgiram grupos que fizeram de suas vidas uma opção generosa pelos pobres e marginalizados. E entre os pobres, "não há nada mais triste nem mais empobrecido do que o preso e o encarcerado". E este mundo de pobreza presidiária suscitou muitas vocações que dedicam abnegadamente seu tempo livre ao apostolado carcerário.* Homens e mulheres, mulheres e homens que dão tudo de si, sem nada pedir em troca; que leram o Evangelho e querem encarná-lo em sua vida, sabendo que Cristo, em sua mensagem evangélica, declarou de forma inequívoca que veio a este mundo para libertar os oprimidos, dar a liberdade a todos os presos; e sabem que um serviço a um irmão preso é um serviço ao próprio Cristo.

A Pastoral Carcerária tem suas raízes e fundamento na Bíblia; não duvidamos, portanto, em afirmar que é de origem divina. Ocorre na prisão uma instituição que deve ser conhecida em sua realidade dura, objetiva e cruel. Dirige-se aos presos, às famílias dos presos, aos funcionários do sistema e à sociedade. Está estruturada como se organiza a pastoral da paróquia, não só pelo capelão, mas também pela equipe de voluntários. Pretende a reconciliação do preso consigo mesmo, com a sociedade, com as vítimas do delito e com Deus. Para atingir esses objetivos, realiza atividades peculiares e adota estilo e procedimentos específicos.

Ainda que seja lugar comum dizê-lo, esta obra preenche um vazio absoluto na literatura espanhola contemporânea, na qual não encontramos livro algum dedicado diretamente à Pastoral Carcerária. Surgirão, indubitavelmente, outros com novos projetos e novas perspectivas de apostolado carcerário. De qualquer modo, tive o privilégio de lavrar um campo praticamente desconhecido desde que o penitenciarista espanhol Bernardino Sandoval escreveu, no século XVI, seu famoso *Tratado del cuidado que se debe tener de los presos pobres* [Tratado do cuidado que se deve ter com os presos pobres], o melhor manual de Pastoral Carcerária que aparecera.

---

* No Brasil, segundo levantamento da Coordenação da Pastoral Carcerária, há em torno de umas mil e seiscentas pessoas voltadas para este campo apostólico eclesial. (N.T.)

Deixo meu cordial agradecimento a Dom Ambrosio Echebarría, bispo responsável da Pastoral Carcerária; a Felipe Duque e a Fernando Fuente, diretor e diretor adjunto do Secretariado das CEPS (Comissão Episcopal de Pastoral Social); a José Sesma, Ciriaco Izquierdo e Urbano Álvarez, capelães penitenciários, pela valiosa colaboração que me prestaram.

Esta obra foi escrita pensando na legião de voluntários cristãos das prisões com esta dupla finalidade: 1) Para que lhes sirva de guia em sua difícil e complexa caminhada pelo labirinto dos espaços carcerários; 2) Para que a tenham como um instrumento de estudo, de trabalho e reflexão sobre os diversos desafios da Pastoral Carcerária.

E, sobretudo, com o desejo de que possa ser-lhes útil de alguma forma na tarefa que tão generosamente exercem em prol de nossos irmãos encarcerados.

EVARISTO MARTÍN NIETO

Capítulo 1

FUNDAMENTOS DA PASTORAL CARCERÁRIA

Atuar na Pastoral Carcerária não é tão-somente um dever cristão, um compromisso evangélico, mas também um direito de solidariedade, de ajuda ao necessitado. O serviço da Pastoral Carcerária deve ter um estatuto próprio para que seja exercido com garantias e com maior eficácia possíveis; porém, isento de qualquer obstáculo, já que o objetivo do voluntário, em sua qualidade de cristão, é efetivar um serviço da Igreja, de amor ao próximo e, como cidadão, um serviço de solidariedade para com seus compatriotas.

Debrucemo-nos sobre os fundamentos que justificam esse dever e esse direito.

1. Fundamento bíblico

Deus libertador

Prisões injustas

O Deus da Bíblia é um Deus libertador, que intervém na história do homem para salvar, não para condenar; para libertar, não para escravizar. Faz justiça aos oprimidos, dá pão aos famintos e liberdade aos presos (Sl 146,7); oferece aos encarcerados a liberdade almejada (Sl 68,7); envia seu Messias para anunciar a liberdade aos cativos, a libertação aos encarcerados (Is 61,1-2); para isso o Pai enviou o seu filho Jesus Cristo, como ele mesmo o declara publicamente (Lc 4,19); um Messias que tem como missão prioritária abrir os olhos aos cegos, tirar do cárcere os prisioneiros e da prisão aqueles que vivem nas trevas (Is 42,7), romper as cadeias injustas, desatar as cordas do jugo, mandar embora livres os oprimidos e quebrar toda espécie de jugo (Is 58,6).

A prova da prisão

A Bíblia considera a prisão como uma prova para o ser humano. Isso significa que o estar encarcerado não implica necessariamente ser delinqüente. Não raro, significa uma atitude de predileção divina. Deus fez passar pela prisão não somente seu Filho, mas também seus mais leais e fiéis amigos e servos. Quis Deus que fossem purificados, acrisolados na amarga prova da prisão, onde o ser humano pode adquirir, como em nenhuma outra situação, uma rica e enriquecedora personalidade, tornando-se apto para a missão a ele confiada.

O aprisionamento deve ser considerado como uma especial graça divina. Assim o assevera Pio XII: "Foi vos dada uma vocação extraordinária e diríamos até privilegiada, expiar pelo mundo realmente culpável".[1] Aos presos ajustam-se as palavras: "Voltem-se para o Senhor, que vos expressa um grande sinal de amor e predileção, porque quem ama castiga; não percam o fruto da correção, que é conhecer a si mesmo e a Deus que vos avisa, chama e aproxima dele mesmo, excluídos do mundo e eleitos de Deus".[2]

Aos encarcerados convém recordar-lhes, para seu próprio consolo, que na história da salvação os principais protagonistas (Jeremias, Paulo, Pedro, João Batista, o próprio Cristo) passaram pela prisão. Recordar-lhes que Deus os ama ternamente, apesar de seus erros; que são contados entre os prediletos e preferidos do Senhor. E isso está muito explícito na Bíblia. Deus está sempre ao lado dos presos (Sl 146,7; 68,7), não exclui nunca os presos (Sl 69,34); "olhou para a terra, para ouvir os gemidos dos cativos e libertar os condenados a morrer" (Sl 102,20-21), gemido angustioso: "Com minha vez eu clamo ao Senhor; [...] diante dele eu derramo meu lamento [...]. Retira-me da prisão" (Sl 142,3-8).

Os salmos dos presos

A revelação bíblica foi anunciada à humanidade de forma progressiva. Na Bíblia, Deus fala ao ser humano através do ser humano e no estilo próprio do ser humano. Estes seres humanos, que Deus utiliza na transmissão de sua palavra escrita, são sempre pessoas de comprovada virtude. O transmissor da palavra santa convém que também seja santo. Não que seja necessário, já que o carisma da inspiração bíblica pertence às denominadas "graças gratuitas" e, teoricamente,

---

[1] Pio XII. *Radiomensaje a los encarcelados*. *Documentos Carcelarios Pontificios*. Barcelona, p. 9, 30 dez. 1951. (Coleción Pastoral Penitenciaria 1).

[2] Vives, Juan Luis. *Tratado del socorro de los pobres*. Valencia, Prometeo, p. 39.

até pode coadunar-se com o pecado e o delito. O que surpreende é que Deus elegeu, como instrumentos de inspiração divina, uns prisioneiros, cujo clamor passaria a ser a oração oficial e suplicante, primeiro de Israel e logo da Igreja. Porque entre os cento e cinqüenta salmos que compõem o saltério, há vários compostos por presos.

Na Bíblia, a pena é uma intervenção punitiva de Deus com um fim salvífico; busca sempre a conversão do indivíduo ou da sociedade, não destrói nunca a dignidade humana, nem a priva de seus direitos fundamentais; deseja que o ser humano caminhe pelo árduo caminho da conversão. Deus sempre transmite aos culpados a esperança de um futuro melhor. Oferece sempre o perdão, a remissão da culpa e a reintegração completa e incondicionada em sua amizade e na convivência social. Apenas pede que não se repita o passado: "Vai e não peques mais" (Jo 8,11).

Jesus, amigo dos excluídos e libertador dos oprimidos

Os preferidos de Cristo

Jesus era amigo dos publicanos e dos pecadores (Mt 11,19). Correndo o risco de deparar-se com os privilegiados, juntava-se aos excluídos pela sociedade, ou seja, com as prostitutas, com os pecadores públicos, com toda classe de marginalizados. Dirigia-se, preferentemente, aos excluídos da sociedade, aos que a sociedade considerava delinqüentes e pecadores. Por esse e muitos outros motivos, Jesus Cristo era amado onde quer que estivesse. E estava, preferentemente, com os pobres, os marginalizados, os oprimidos, os doentes e os presos.

Jesus Cristo veio para "proclamar a libertação aos presos" (Lc 4,18). João Paulo II, comentando essas palavras na prisão de Rebbibia, disse: "Estas palavras devem se relacionar com as estruturas das prisões em sua mais imediata acepção, como se Jesus Cristo estivesse vindo para suprimir as prisões e todas as demais formas de instituições de detenção? Exatamente isso, em certo sentido".[3] Isso, numa análise mais profunda e em relação à essência do Evangelho, significa que na mensagem cristã é admitida a abolição da prisão. Não escraviza-

---

[3] Discurso de João Paulo II na prisão romana de Rebbibia em 26 dez. 1983. *Corintios XIII*; revista de teología y pastoral de la caridad, nn. 27/28, p. 420, jul./dez. 1983.

remos aqueles que Deus fez livres, não aprisionaremos os que Deus criou para que se locomovam livremente.

A prisão de Jesus Cristo

A prisão integra a paixão e a redenção de Cristo. Jesus Cristo esteve preso por três dias e três noites. Identificou-se com os presos não apenas em palavras, mas também concretamente, tornando-se ele mesmo um preso. "Fui considerado um delinqüente" (Lc 22,37), ele, que carregava todos os delitos e intercedia por todos os delinqüentes (Is 53,12). Quando o foram prender, entregou-se sem nenhuma resistência (Mt 26,47-56; Mc 14,43-45; Lc 22,47-54; Jo 18,2-12), manifestando, porém, que sua detenção era totalmente injusta (Mt 26,55; Lc 22,52-53; Mc 14,48-49). Foi amarrado e torturado. Ao sofrer tortura, protesta: "Se falei mal, prova-o, mas se falei bem, por que me bates?" (Jo 18,23). Inútil protesto, pois continuam torturando-o. Já não protesta, suporta tudo sem uma palavra de contestação e de desagrado (Mt 26,67-68; Mc 14,65; Lc 22,63-65; Jo 18,22-24); não perdeu em momento algum a serenidade e o autodomínio (Mt 27,14; Mc 15,5). Foi submetido a um julgamento sumaríssimo, sem as garantias processuais; foi considerado inocente (Mt 27,24; Mc 15,14; Lc 23,4-14) e, apesar disso, condenado à pena capital e executado.

Além disso, desejou morrer entre dois criminosos (Lc 23,33), "de uma morte ignominiosa",[4] numa cruz, a forma mais humilhante de morrer, porém, a mais gloriosa para ele. Viera para redimir os oprimidos, dar liberdade aos encarcerados. Exatamente por isso quis morrer junto de dois companheiros de prisão, a um dos quais canonizou no último instante de sua vida (Lc 23,43). Morreu perdoando a todos, até mesmo aos verdugos que executaram a sua sentença (Lc 23,34), sem guardar rancor, pondo em prática as parábolas da misericórdia que ele havia proclamado (Lc 15). Desse modo, consumava a realidade de sua missão libertadora, para pedir-nos uma atitude de solidariedade e de compreensão para com os encarcerados. Experienciou o vexame, o desprezo e a tortura a que os presos são freqüentemente submetidos. Redimiu, assim, de maneira divina, os incontáveis pecados que existem na humanidade e que, lamentavelmente, continuarão a existir a triste história das prisões. Redimiu a própria prisão, que levou consigo na sua gloriosa ascensão (Ef 4,8).

---

[4] Popot, Jean. *Un prisionero llamado Jesús*. Barcelona, Picazo, 1966, p. 151.

Jesus Cristo se identifica com o preso

Foi tão grande o amor de Jesus pelos presos, que o levou a identificar-se com eles (Mt 25,36). Tornou-se preso em todas as celas e em todas as prisões onde havia um ser humano encarcerado. Identificou-se com qualquer preso, com os inocentes e com os culpados, com os simpáticos e com os insuportáveis, com os pacíficos e com os violentos, com os assassinos e com os terroristas, ainda que tenha condenado a violência, o assassinato e o terrorismo.

"Todo encarcerado (Jesus não fez distinção entre o preso de colarinho branco e o preso humilde, nem sequer distinguiu o preso inocente do preso culpado) é um *pequeno irmão* de Jesus, cuja situação de encarcerado Jesus ainda continua assumindo."[5]

Assim, todo auxílio dado a um preso é um serviço prestado a Jesus Cristo. As celas das prisões são outros tantos sacrários onde Jesus está presente, não sob as espécies de natureza morta, senão em um ser humano sofredor, o que constitui, sem a menor dúvida, uma das maiores surpresas e contrastes do Evangelho. Pois o mais transcendental é que deixou indissoluvelmente associado o destino eterno de cada homem com a atitude que tenha tido frente aos presos. Pode-se dizer que "a prisão é hoje para nós um lugar de encontro com o irmão sofredor e com Cristo preso".[6] A prisão torna-se um "lugar teológico", um "espaço teofânico", onde Deus se revela, um "sacramento" que nos põe em contato com Deus.

O corpo místico de Cristo

A teologia bíblica oferece poderosas razões para mantermos com os encarcerados a mais estreita solidariedade.

Mediante o batismo, o cristão incorpora-se ao corpo de Cristo, que é a Igreja. Todos os membros de um mesmo corpo não podem ignorar-se, mas devem estar perfeitamente unidos, ajudando-se uns aos outros, participando dos mesmos sentimentos. Quando um membro sofre, todos os membros sofrem com ele. Aos membros mais frágeis deve-se maior atenção e carinho.

Os membros em liberdade comprometem-se com a libertação integral dos membros em cativeiro (1Cor 12,12-30; Lc 4,18-21). Esse

---

[5] DEVESA BLANCO, J. El voluntario cristiano en la Pastoral Penitenciaria. *Corintios XIII*; revista de teología y pastoral de la caridad, n. 48, p. 117, out./dez. 1988.

[6] BARRENA, F. *Abrir las prisiones injustas*. Madrid, Paulinas, 1987, p. 5.

compromisso obriga os que estão livres a ter uma vinculação espiritual constante com os encarcerados, como se estivéssemos em seus corpos, encarcerados com eles, como acontecia com as comunidades primitivas (Hb 12,15; 13,3).

Trata-se de nos acercarmos tanto do culpado que se chegue a ver, honrar e amar nele o Senhor; ainda mais, trata-se de compenetrar-se com ele de tal maneira que nos sintamos espiritualmente em seu lugar e em sua cela, como o próprio Senhor disse de si mesmo. Estava encarcerado e fostes me visitar (Mt 25,36). Todo este mundo interior, esta luz e esta bondade de Cristo oferecem ao preso o apoio e a ajuda para libertar-se da escravidão da pena e reconquistar a liberdade e a paz interior.[7]

Textos

"Eu, o Senhor, te chamei para a justiça
e te tomei pela mão.
Eu te formei e te encarreguei
de seres a aliança do meu povo
e a luz das nações,
para abrires os olhos aos cegos,
tirares do cárcere os prisioneiros,
da masmorra os que estão na prisão escura." (Is 42,6-7).

"O espírito do Senhor Deus está sobre mim,
porque o Senhor me ungiu.
Enviou-me para levar a boa-nova aos pobres,
para curar os de coração aflito,
anunciar aos cativos a libertação,
aos prisioneiros o alvará de soltura;
para anunciar o ano do agrado do Senhor,
o dia de nosso Deus fazer justiça,
para consolar os que estão tristes." (Is 61,1-2).

"Acaso o jejum que eu prefiro não será isto:
acabar com a injustiça qual corrente que se arrebata;

---

[7] Pio XII. Discurso aos juristas católicos italianos, 6 fev. 1955. *Documentos Carcelarios*, n. 33.

acabar com a opressão qual canga que se solta;
deixar livres os oprimidos,
acabar com toda espécie de imposição?
Não será repartir tua comida com quem tem fome?
Hospedar na tua casa os pobres sem destino?
Vestir uma roupa naquele que encontras nu
e jamais tentar te esconder do pobre teu irmão?" (Is 58,6-7).

"Olha à direita e vê: ninguém me reconhece.
Não tenho para onde fugir,
ninguém cuida de minha vida.
Clamo a ti, Senhor; digo: 'És meu refúgio,
és a minha porção na terra dos vivos'.
Escuta a minha súplica:
estou numa angústia extrema.
Salva-me dos meus perseguidores
porque são mais fortes que eu.
Retira-me da prisão,
para que eu celebre teu nome;
os justos vão me rodear
quando me mostrares tua bondade." (Sl 142,5-8).

"Vinde, benditos de meu Pai! Recebei em herança o Reino que meu Pai vos preparou desde a criação do mundo! Pois eu estava com fome, e me destes de comer; estava com sede, e me destes de beber; eu era forasteiro, e me recebestes em casa; estava nu e me vestistes; doente, e cuidastes de mim; na prisão, e fostes visitar-me.' Então os justos lhe perguntarão: 'Senhor, quando foi que te vimos com fome e te demos de comer? Com sede, e te demos de beber? Quando foi que te vimos como forasteiro, e te recebemos em casa, sem roupa, e te vestimos?Quando foi que te vimos doente ou preso, e fomos te visitar?' Então o rei lhe responderá: 'Em verdade vos digo: todas as vezes que fizestes isso a um destes mais pequenos, que são meus irmãos, foi a mim que o fizestes!'" (Mt 25,34-39).

Questionário

- Que resposta teremos à interpelação que nos faz hoje os textos do profeta Isaías?
- A que nos compromete hoje a proclamação do "ano da graça do Senhor"?

- Que leitura faremos do Salmo 141 em relação aos internos de nossas prisões? Comparar a situação humana, espiritual e psicológica do preso que compôs o salmo com a de nossos presos.
- Refletir sobre os Salmos 7,22; 35,43; 69; 109; 141; 142; 145, aplicando-os à situação dos presos, e utilizá-los na oração em comum com eles.
- Refletir sobre as convergências e divergências entre o servo de Javé e o preso de nossas prisões.
- Como interpretar o texto de Mateus 25,36: "estava na prisão, e fostes visitar-me"? Dar a esse texto uma interpretação literal, histórica, universal, restritiva, metafórica? Com que nos compromete esse texto?
- Que significa para nós "abrir as prisões injustas"? Essas palavras têm um sentido espiritual ou têm também um sentido material? Como dar a liberdade aos presos?
- Pode-se dizer dos presos que, por seus sofrimentos, são os deserdados da sociedade e os preferidos de Deus?
- Que lugar ocupam e que lugar deveriam ocupar os presos no corpo místico de Cristo?
- Podemos considerar os presos como os membros mais frágeis, menos dignos, menos nobres?
- Se assim for, o que nos compromete para prestar-lhes ajuda e cuidado?
- Se alguns membros precisam dos outros, do que os membros encarcerados necessitam dos membros em liberdade? Os membros em liberdade, do que necessitam dos membros encarcerados?
- Até onde deve chegar nossa solidariedade com os presos?

2. Fundamento eclesial

O Estado

A presença da Igreja nas prisões tem sido constante. O regimento disciplinar penitenciário espanhol considera extremamente benéfico e eficaz a presença dos ministros do Senhor, que servem de alívio e de esperança para os que estão submetidos ao infortúnio da prisão.*

O Estado entende que os aspectos espirituais e religiosos, devidamente atendidos e cultivados, constituem o meio mais importante e eficaz para a reinserção social do delinqüente.

O art. 54 da Lei Orgânica Geral Penitenciária "reconhece a transcendência histórica deste auxílio moral ou espiritual proporcionado aos presos".[8]

A Igreja

A moral católica, durante séculos, praticamente foi a única força reabilitadora da prisão, ou ao menos a mais importante. Apenas ultimamente se tem recorrido ao quadro de técnicos, profissionais das ciências da conduta humana. Contudo, todos são unânimes em reconhecer que a Igreja foi a primeira a proclamar e a pôr em prática o caráter reeducador e ressocializante da privação de liberdade. A Igreja católica foi também a primeira a organizar a prisão como pena em regime de penitência, de arrependimento e de emenda.

O Papa Clemente XI, com a fundação em Roma (1705) do primeiro reformatório celular de São Miguel, cujo lema *Parum est coercere improbos, nisi probos efficias disciplina* [Educar os internos, nunca castigar], antecipou-se aos modernos sistemas penitenciários, que consideram a prisão como espaço para oferecer aos encarcerados um tratamento adequado, capacitando-os a ter, em liberdade, uma vida honrada.

Desde o dia em que Cristo expirou na cruz até o dia em que João Paulo II visitou, na prisão, o homem que atentou contra ele para testemunhar-lhe pessoalmente seu perdão, a prática tradicional da Igreja levou a sério as palavras do Senhor: "Estava na prisão e fostes visitar-me".

São Paulo, prisioneiro de Cristo, acolhe com tamanha solicitude apostólica a Onésimo, o qual entre correntes engendrou a fé, que se torna o fiador dele ante seu credor Filêmon (cf. Carta a Filêmon).

A Igreja primitiva estabeleceu o que Tertuliano chama "depósitos de piedade" alimentados por generosas doações em dinheiro que se empregavam para socorrer e libertar os encarcerados.

---

* A LEP do Brasil prevê, como uma das seis assistências a que tem direito o preso, a assistência religiosa. Cf. art. 24 da Lei nº 7.210, de 11 de julho de 1984. (N.T.)
[8] GARCÍA VALDÉS, Carlos. *Comentario a la Ley General Penitenciaria*. Madrid, Civitas, 1980, p. 145.

Concílios

O Concílio de Nicéia (325) institui os *procuratores pauperum* e a figura de advogado dos presos pobres, sacerdotes e leigos com a função de ajudar os presos, de defender gratuitamente sua causa, de levar-lhes alimentação, de prover vestuário, e de oferecer-lhes dinheiro para a obtenção de sua liberdade. O Concílio Aurelaniense dispõe que os bispos cuidem dos presos, procurando garantir-lhes tratamento humano, justiça, respeito aos seus direitos e, através dos diáconos, a provisão de tudo que necessitem.

Os Santos Padres

Santo Ambrósio exaltava como uma das principais obras de misericórdia o atendimento às necessidades dos presos. Santo Agostinho exortava os fiéis para que se preocupassem com solicitude dos presos pobres. Ambos chegaram a vender vasos sagrados das igrejas para libertar presos.

São Jerônimo e São Gregório diziam que o interesse pelos presos é uma coisa "aprovada e agradável a Deus", pois o ser humano, neste caso a pessoa encarcerada, é um templo vivo de Deus. São Cipriano exaltava o piedoso costume de libertar os presos na Quinta-feira Santa.

Cassiano (*Livro* 10, cap. 22) dizia que era costume dos monges cuidar dos encarcerados e atender as suas necessidades com o produto dos seus próprios trabalhos.

Santos

Inúmeros santos dedicaram suas vidas ao apostolado penitenciário. João da Mata e Pedro Nolasco, fundadores das ordens religiosas da Santíssima Trindade e de Nossa Senhora das Mercês, nos ramos masculino e feminino, com o carisma de libertar os presos, chegaram ao ponto de oferecer sua liberdade pessoal em troca da liberdade deles. Carisma mantido até hoje, como testemunho da dedicação dos padres mercedários às prisões (especialmente na província da antiga coroa de Aragão), das irmãs mercedárias no centro penitenciário El Acebuche (Almería), assim como dos padres trinitários, que trabalham especialmente nas prisões de Andaluzia.

São Paulino, bispo de Nola, peregrinou por terras africanas para oferecer-se como preso em lugar do filho encarcerado de uma pobre viúva. São Nicolas de Bari visitava e socorria presos pobres. São

Vicente de Paula, perfeito modelo de capelão de prisões. São Carlos Borromeu, visitador assíduo dos presos, aos quais levava auxílios espirituais e materiais. Santo Antônio Abade deixava freqüentemente sua solidão de anacoreta para socorrer os presos. São João Bosco, infatigável apóstolo dos delinqüentes e dos encarcerados. Santo Antônio Claret, bispo visitador e protetor dos presos de sua diocese de Santiago de Cuba.

Papas

Foram também muitos os papas que manifestaram especial preocupação por essa parcela da vinha do Senhor.

Paulo I e Leão III visitavam com freqüência as prisões para levar aos encarcerados ajuda espiritual e material. Inocêncio III recomendava incessantemente aos bispos que se preocupassem com os presos e, de modo especial, com os presos pobres. Nicolau I e São Gregório Magno foram insignes defensores do tratamento humano aos presos. Pio V e Paulo V ocuparam-se com solicitude evangélica de consolar os encarcerados. Clemente XII fundou em Roma um reformatório para mulheres, similar ao fundado por Clemente XI para os homens.

São inúmeros os testemunhos dos últimos papas. De Pio XII são as palavras:

> Como indivíduos deveis *conhecer e amar* os encarcerados. Antes de tudo, conhecê-los. Para ajudar os encarcerados é indispensável manter com eles um relacionamento de amigo para amigo, o que supõe compreensão do outro enquanto indivíduo qualificado por sua formação, pelo desenvolvimento de sua vida até o momento em que o encontrareis em sua cela [...] É preciso também amá-los. Para ajudar realmente o preso, é necessário ir a ele não só com boas idéias, mas também e, talvez mais ainda, com o coração.[9]

João XXIII, ao visitar a prisão Regina Coeli de Roma, apresentou-se aos presos com estas palavras: "Todos que aqui estamos somos iguais ante o Senhor, pois o Senhor nos considera todos como seus filhos". E despediu-se deles com estas outras: "Aqui deixo o meu coração".

---

[9] Pio XII. Discurso aos juristas católicos italianos, 26 maio 1957. *Documentos Penitenciarios Pontificios*, nn. 37 e 38.

Paulo VI assim se dirigiu aos presos da mesma prisão: "Amo vocês não por sentimento romântico ou compaixão humanitária, mas os amo verdadeiramente, porque sempre descubro em vocês a imagem de Deus, e semelhança com ele, Jesus Cristo, homem ideal, que sois e que, todavia, podeis sê-lo".

João Paulo II, em suas inúmeras e infatigáveis viagens apostólicas, tem sempre em suas alocuções uma lembrança especial dos encarcerados. Temos, por exemplo, estas palavras aos presos da Penitenciária de Papuda (Brasil):

> A visita que lhes faço, ainda que breve, tem um profundo significado para mim. É a visita de um pastor que quisera imitar o bom pastor (Jo 10,1ss) em seu gesto de buscar com maior carinho a ovelha que se desgarrou por qualquer motivo (Lc 15,4) e de alegrar-se ao encontrá-la. É a visita de um amigo. Como amigo, gostaria de trazer-lhes ao menos um pouco de serenidade e de esperança, para encontrar a vontade de serem melhores e força para assim o serem. É a visita do vigário de Cristo. Gostaria de trazer-lhes o consolo do Redentor dos seres humanos.[10]

E estas outras dirigidas aos presos da França:

> Deus nunca deixou de vos olhar com amor, como ao filho pródigo, e de ter confiança em vós [...] Descarregar nele o vosso fardo, demasiado pesado para vós sozinhos. Oferecei-o por vós mesmos e pelos demais: estais associados à redenção. O pior das prisões seria o coração fechado e endurecido. Desejo-vos a esperança. Desejo-vos antes de tudo a alegria de encontrar desde agora a paz do coração no arrependimento, o perdão de Deus, a acolhida de sua graça e seu amor. Desejo-vos a satisfação de poder beneficiar-vos com melhores condições de vida aqui. Desejo que volteis a ocupar quanto antes vosso lugar na sociedade, em vossa família. E desejo que vivais desde agora dignamente em paz.[11]

Em vários países suplicou e obteve para os presos indultos por parte dos respectivos Ministérios de Justiça.

---

[10] *Corintios XIII*; revista de teología y pastoral de la caridad, n. 41, p. 196, jan./mar. 1987.

[11] COMISIÓN EPISCOPAL DE PASTORAL SOCIAL. Las comunidades cristianas y las prisiones. *Cáritas*, n. 260, Supl. 116, p. 12, dez. 1956.

Institutos religiosos

No ano de 1584, na comunidade da Companhia de Jesus de Valência, fundou-se a Congregação do Espírito Santo para homens que "tinham a obrigação de visitar os encarcerados, levar-lhes consolo e socorro, diligenciando o perdão, a esmola para o sustento ou para saldar dívidas".[12]

Sóror Magdalena de São Jerônimo fundou a penitenciária das mulheres. O padre Portillo, a Sociedade de Senhoras Visitadoras das prisões femininas. O padre Luis Amigó Ferrer, bispo de Segorbe, os Terciários Capuchinhos, dedicados aos reformatórios de jovens. A madre Soler fundou as Irmãs Carmelitas do Sagrado Coração, cujo carisma é o serviço aos pobres, aos presos. Estas, na história recente espanhola, estão presente em várias prisões e, atualmente, trabalham no hospital geral penitenciário de Carabanchel. Por seu lado, as Irmãs da Caridade de Santa Ana exercem sua missão na prisão de Martutene (São Sebastião).

É válido recordar as Filhas da Caridade de São Vicente de Paula, que administraram várias penitenciárias. Em 1880, assumiram a administração da penitenciária de mulheres de Alcalá de Henares; em 1890, assumiram a administração da prisão da cidade de São Sebastião; em 1894, a da prisão de Barcelona; atualmente trabalham na prisão de Alcalá-Meco, estando presentes em todas as penitenciárias espanholas como voluntárias e visitadoras dos presos.

Para finalizar este capítulo:

1. Em 1585, a assistência religiosa à prisão de Sevilha estava organizada, o que levava a supor que estaria da mesma forma nas demais prisões do reino. Celebrava-se missa diariamente para os presos; havia três confrarias de irmãos que os atendiam com solicitude, tanto nos aspectos espirituais e religiosos quanto nos humanos e assistenciais, o que demonstrava que a Igreja se preocupava não só com as almas dos presos, mas também com seus corpos, praticando uma pastoral encarnada em suas tristes e dolorosas realidades humanas.[13]

---

[12] Cuello Calón, Eugenio. *La moderna penología.* Barcelona, Bosch, 1973, p. 491.

[13] Chaves, Cristóbal de. *Relación de las cosas de la cárcel de Sevilla y su trato.* Sevilla, [s.n.], 1591.

2. Na penitenciária feminina de Valladolid (1796), estava estabelecida a reza do terço em comunidade na capela, a celebração da missa aos domingos e feriados, a explicação da doutrina cristã pelos padres. Nas horas livres, as presas podiam freqüentar a capela.[14]

3. O Regulamento de Presídios do Reino, de 19 de setembro de 1807, estabelecia que em todos os presídios houvesse uma capela e um capelão, o qual devesse ser um "sacerdote culto, probo, zeloso e prudente".

4. O Regulamento de Presídios, de 14 de abril de 1834, meio século antes da criação dos corpos especiais de funcionários para a vigilância e tratamento dos presos, apresentava a figura do capelão como peça-chave, com exclusiva dedicação ao apostolado penitenciário, vivendo tanto quanto possível dentro da prisão.

5. Os primeiros professores e bibliotecários das prisões foram os capelães.[15]

6. A Igreja espanhola conta com o pioneiro dos grandes penitenciaristas internacionais, Bernardino de Sandoval, mestre-escola da catedral e chanceler da Universidade de Toledo, o qual em seu *Tratado del cuidado que se debe tener de los presos pobres* expõe de maneira exaustiva o ensino e a prática da Igreja nas prisões, realçando a obrigação de todos os cristãos, começando pelos bispos, de atender os presos pobres. Sua obra pode ser considerada como o melhor manual de Pastoral Carcerária.

Textos

"A Igreja sempre se preocupou com os presos. Não apenas organizou regimes de prisão que levavam ao arrependimento e reforma do delinqüente, como também, através de seus sacerdotes, desenvolveu nas prisões uma infatigável atividade para assistir moral e materialmente os encarcerados. A Igreja tem o dever e o direito de exercer sua ação benéfica sobre os presos, como também o encarcerado sente necessidade de receber assistência e o conforto espiritual que o sacerdote pode proporcionar-lhe.

---

[14] PEREIRA, L. M. *Ordenanza de la Casa Galera de Valladolid*, 16 ago. 1796, título 8º, 17, y título 9º, 4.5.10.

[15] CUELLO CALÓN, Eugenio, op. cit., pp. 388-392.

É significativo que, desde os primeiros contatos de colaboração entre a Igreja e o Estado no Império romano-bizantino, o mesmo Estado chamou os sacerdotes para a prisões." (Eugenio Cuello Calón, La moderna penología [A moderna penologia], Barcelona, Bosch, 1973, p. 394.)

"Se um ladrão ou um assaltante for capturado e negar tudo de que é acusado, dizeis que o juiz deve torturá-lo até que diga a verdade. Nem a lei divina nem a lei humana permitem isso. As confissões não devem ser forçadas, mas sim espontâneas: não devem ser arrancadas à força, mas obtidas voluntariamente. Se, depois de serem aplicados esses castigos, constatais que nenhum dos delitos de que se acusava o prisioneiro existiu, não vos envergonhais e não reconheceis quão ímpio era o vosso juízo? Do mesmo modo, se o prisioneiro, incapaz de resistir a tais torturas, confessa delitos que não praticou, quem, pergunto, assumirá a responsabilidade de tal impiedade, se não quem o obrigou a fazer essas confissões falsas? E mais, se alguém pronuncia palavras que não procedem de seu coração, fala, porém, não confessa. Abandonai, pois, essas execráveis práticas." (Carta do Papa Nicolau I aos búlgaros, de 13 de novembro de 866. In: ORGANIZAÇÃO DAS NAÇÕES UNIDAS. El derecho de ser hombre [O direito de ser homem], Madrid, Tecnos/Unesco, 1984, p. 46.)

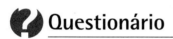

Questionário

- A Igreja, na problemática do sistema penal, está à altura que tradicionalmente estava?
- Que qualificação teria a Pastoral Carcerária em geral e a prisão em particular?
- As comunidades cristãs, como a sociedade em geral, também excluem os presos?
- Existe na diocese alguma organização, associação ou instituição de caráter cristão que proteja e ajude os encarcerados?
- Que fazem ou que devem fazer os agentes da Pastoral Carcerária para criar alguma instituição desta natureza na diocese?
- O capelão da prisão mantém relações com as instituições eclesiais e com os órgãos da Igreja diocesana?
- Que deve ser, hoje, o específico e o prioritário na Pastoral Carcerária?

3. Fundamento civil

O fundamento civil da Pastoral Carcerária está contido em documentos internacionais e nacionais que a credenciam e a garantem. A Declaração Universal dos Direitos Humanos (art. 14) estabelece o direito à livre manifestação da religião e do culto. As Regras Mínimas para o Tratamento dos Reclusos, da ONU, estabelecem a presença nas prisões de ministros de culto, garantem seu trabalho apostólico, a assistência religiosa, a celebração de atos religiosos e de culto, a formação moral e espiritual dos presos (arts. 42, 54, 59, 66). O Conselho da Europa recomenda, aos governos dos Estados-membros, a devida atenção aos assistentes sociais que trabalham nos estabelecimentos penais e que colaboram na política social do Estado (Recomendação R[85] 9 [21 jun. 1985]). Recomenda ainda que se elabore o estatuto do colaborador voluntário, facilitando ao preso a prática de sua religião (Recomendação 914 [1981]).

A Constituição espanhola (art. 25) garante aos condenados o exercício dos direitos fundamentais, contidos no capítulo segundo da Constituição, entre os quais se encontra a liberdade religiosa. A Lei Orgânica Geral Penitenciária garante a liberdade religiosa dos internos e os meios para que tal liberdade possa ser exercida (art. 54).*

O Regulamento Penitenciário garante igualmente o direito dos internos à assistência religiosa, o apostolado nas prisões dos ministros do serviço religioso das diversas igrejas, confissões e comunidades religiosas, um lugar adequado para a celebração dos atos de culto, indicando de maneira geral que, dentro da assistência religiosa, cabem todas as atividades que se considerem necessárias para o devido desenvolvimento religioso da pessoa (arts. 180, 181, 292, 293).

---

* A LEP também assegura a liberdade de culto em seu art. 24: "A assistência religiosa, como liberdade de culto, será prestada ao preso e aos internos, permitindo-se-lhes a participação nos serviços organizados no estabelecimento penal, bem como a posse de livros de instrução religiosa". (N.T.)

# Textos

Regras Mínimas para o Tratamento dos Reclusos (Organização das Nações Unidas, Genebra, 1955):

Art. 41. 1) Se o estabelecimento reunir um número suficiente de reclusos da mesma religião, deve ser nomeado ou autorizado um representante qualificado dessa religião. Se o número de reclusos o justificar e as circunstâncias o permitirem, deve ser encontrada uma solução permanente.

2) O representante qualificado, nomeado ou autorizado nos termos do parágrafo 1, deve ser autorizado a organizar periodicamente serviços religiosos e a fazer, sempre que for aconselhável, visitas pastorais, em particular aos reclusos da sua religião.

3) O direito de entrar em contacto com um representante qualificado da sua religião nunca deve ser negado a qualquer recluso. Por outro lado, se um recluso se opõe à visita de um representante de uma religião, a sua vontade deve ser respeitada.

Art. 42. Tanto quanto possível cada recluso deve ser autorizado a satisfazer as exigências da sua vida religiosa, assistindo aos serviços ministrados no estabelecimento e tendo na sua posse livros de rito e prática de ensino religioso da sua confissão.

Art. 59. O regime penitenciário deve fazer apelo a todos os meios terapêuticos, educativos, morais, espirituais e outros e a todos os meios de assistência de que pode dispor, procurando aplicá-los segundo as necessidades do tratamento individual dos delinqüentes.

Art. 66. 1) Para este fim, há que recorrer nomeadamente à assistência religiosa nos países em que seja possível, à instrução, à orientação e à formação profissionais, aos métodos de assistência social individual, ao aconselhamento relativo ao emprego, ao desenvolvimento físico e à educação moral, de acordo com as necessidades de cada recluso. Há que ter em conta o passado social e criminal do condenado, as suas capacidades e aptidões físicas e mentais, as suas disposições pessoais, a duração da condenação e as perspectivas da sua reabilitação.

Conselho da Europa: Recomendação R(85) 9 (21 jun. 1985):

O Comitê de Ministros, em virtude do artigo 15.b) do estatuto do Conselho de Europa... recomenda aos governos dos Estados-membros que reconheçam o papel, as características e o valor do trabalho realizado de maneira desinteressada por pessoas que voluntariamente participam na ação social...; garantir que a instrução cívica ressalte o valor do trabalho voluntário e que, na preparação e utilização construtiva do ócio e do tempo livre, todos os grupos dentro de certa faixa etária sejam convidados a participar na ação social na qualidade de voluntários...; promover uma melhor cooperação entre pessoas que exerçam sua profissão no campo social e os voluntários, para dar continuidade às atividades no âmbito da ação social e desenvolvimento social num plano de complementaridade...; respeitar a autonomia de ação das organizações de voluntários constituídos conforme a legislação e a prática nacionais...; promover o trabalho voluntário em nível local em colaboração com as organizações criadas para isso... Nos ministérios envolvidos com ações, cuja iniciativa se deva às organizações de voluntários, estabelecer, quando for necessário, uma estrutura de união que tenha como objetivo a consulta recíproca, fomentar a informação e promover a coordenação...; promover consultas às organizações de voluntários sobre os projetos e programas susceptíveis de serem postos em prática com seu concurso e promover sua participação no planejamento da política social...; revisar a legislação e a regulamentação para suprimir os obstáculos que possam impedir a colaboração do trabalho voluntário...; fomentar a formação e a reciclagem dos voluntários, quer em nível geral ou em nível específico.

Recomendação 914 (1981):

V.3: É preciso normatizar o estatuto dos serviços voluntários, assim como os critérios de seleção e de formação dos mesmos.

IV.3: Os presos que desejam praticar sua religião em estabelecimentos deverão fazê-lo e, na medida do possível, sem dificuldade alguma.

Lei Orgânica Geral Penitenciária:

Art. 54. A Administração garantirá a liberdade religiosa dos presos e facilitará os meios para que esta liberdade seja efetivada.

Regulamento Penitenciário:*

Art. 181. 1) Os internos serão atendidos por ministros da religião que professem, o que corresponderá, com caráter geral, no caso de confessionalidade católica, a um membro do corpo de capelães de instituições penitenciárias, se houver no estabelecimento, ou, na sua falta, a um sacerdote da locali-

---

* *Regulamento de Assistência religiosa nos estabelecimentos do Rio Grande do Sul*: "A Assistência Religiosa tem como fundamento a valorização humana do preso, desenvolvido através dos princípios religiosos que informam as ações apostólicas de cada Confissão Regular".
Parâmetros mínimos para o trabalho com presos ser reconhecido como Pastoral Carcerária ligada organicamente à CNBB: 1. Atender a todos os presos não "escolhendo" os presos com quem se vai trabalhar; [...] 3. Ter, em sua visão e prática, uma abertura ecumênica. (N.T.)

dade, sem prejuízo do que dispõe o artigo 102 e o que se estabelecer nos acordos que possa concluir o Estado com as diversas confissões religiosas.

2) Destinar-se-á um local adequado para a celebração dos atos de culto de assistência próprios das distintas igrejas, confissões ou comunidades religiosas.

3) As normas do regime dos estabelecimentos penais deverão adotar medidas que garantam aos presos o direito à assistência religiosa, assim como a comunicação com os ministros do serviço religioso das igrejas, confissões ou comunidades religiosas.

4) A assistência religiosa, de que fala o item 2, compreenderá todas as atividades que se considerem necessárias para o adequado desenvolvimento religioso da pessoa.

Art. 292. Os funcionários do corpo de capelães de instituições penais terão ao seu encargo os serviços religiosos nos estabelecimentos e a assistência espiritual e ensino religioso dos presos que o solicitem.

Art. 293. São funções específicas dos capelães: 1) celebrar a missa aos domingos e feriados para facilitar o cumprimento do preceito dominical para os apenados. 2) organizar e dirigir a catequese, explicar o evangelho dos domingos e dias de preceito e dar palestras sobre temas de dogma, moral ou formação humana. 3) visitar os presos quando ingressam no estabelecimento [...].

Questionário

- Nas prisões, são observadas as normas jurídicas internacionais e nacionais?
- Os presos recebem, sem nenhuma restrição, a assistência religiosa a que têm direito?
- A Pastoral Carcerária desenvolve com absoluta liberdade todas as suas atividades específicas?
- Respeita-se a independência de ação dos agentes da Pastoral Carcerária?
- Existe a adequada colaboração e coordenação entre os agentes e os demais órgãos colegiados do estabelecimento?
- Como é valorizado na prisão o corpo de agentes da pastoral e o trabalho que realizam? Se não se valoriza positivamente, por

que isto ocorre? É devido à instituição ou ao próprio corpo de agentes da pastoral?

- Qual a postura dos funcionários em relação aos agentes da pastoral? Positiva? De indiferença? De colaboração?
- A administração oferece todos os meios materiais, humanos, morais para que a assistência religiosa aconteça com a maior eficácia possível?
- As atividades da Pastoral Carcerária ocorrem em lugar adequado, como determina o regimento penitenciário?

CAPÍTULO 2

ONDE SE REALIZA A PASTORAL CARCERÁRIA

A Pastoral Carcerária, específica, complexa e difícil, requer um conhecimento adequado do meio onde ela atua. É necessário saber em que espaço nos movemos e com que tipo de pessoas vamos trabalhar apostolicamente.

1. A prisão, para quê?

O espaço carcerário

A prisão é uma instituição do Estado, um espaço onde se executa a pena de privação de liberdade determinada pela justiça. Todas as prisões são regidas por um regimento disciplinar penitenciário, mas, ao mesmo tempo, gozam de grandes poderes de autodecisão e autogoverno. Isso significa que a Pastoral Carcerária deve realizar uma análise profunda do centro em que vai atuar, com suas próprias peculiaridades. O conhecimento dessas realidades nos orientará para definir as prioridades de nosso trabalho apostólico e o planejamento das atividades concretas, o que possibilitará maior mobilidade e eficácia em nossa atuação. A pastoral deverá ajustar-se às características de cada estabelecimento penal. Este é o primeiro desafio: um estudo objetivo de todos os elementos — estruturais, finalísticos e humanos — que configuram o estabelecimento penal.

Finalidade da pena

As leis penais falam da dupla finalidade, a que aparece já no povo de Deus: 1) Extirpar a delinqüência: proteger a sociedade erradicando da mesma os delinqüentes, que, com sua agressividade, rompem a ordem e a paz. Essa finalidade concretiza-se na seguinte fórmula, repetida múltiplas vezes nos códigos penais da Bíblia: "Assim eliminarás o mal de teu meio" (Dt 24,7); 2) Prevenir a delinqüência: isto é, reforçar os mecanismos dissuasórios; melhor prevenir do que remediar. Esse objetivo, de tipo terapêutico, que trata de intimidar o delinqüente para dissuadi-lo de seu comportamento agressivo e, ao mesmo tempo, exemplarizar os demais cidadãos, concretiza-se nesta fórmula: "E, ao sabê-lo, todo o Israel temerá" (Dt 21,21).

Contudo, nem no povo de Deus nem nos demais povos, as penas, e muito menos a pena de prisão, cumprem essas finalidades: "As prisões não diminuem os índices de criminalidade. Multiplicam-se as prisões, aumentam-se as vagas, melhora-se o pessoal, transformam-se os métodos, porém, o número de crimes e de delinqüentes permanece estável, quando não aumenta".[1]

Antes de prosseguir, precisamos dizer que a prisão existe também para servir os presos, aliviar suas penas, minimizar tanto quanto possível seu infortúnio, ajudá-los a cumprir a pena cominada e prepará-los para uma nova vida.

O art. 25.2 da Constituição assinala como fim das instituições penitenciárias "a reeducação e a reinserção social dos apenados, assim como retenção e custódia dos mesmos".[2]

Vigilância

O preso deve ser vigiado para que não fuja da prisão. Mas aí estão as fugas que ocorrem de vez em quando, e não nos referimos às fugas durante o desfrute de saídas temporárias permitidas. O interno deve ser vigiado — é um ser humano feito à imagem e semelhança de Deus — contra os perigos do exterior e do interior. Contra os do exterior se consegue relativamente fácil, porém não em plenitude. Temos, por exemplo, a entrada de drogas, tão nociva para o universo carcerário. Tampouco se consegue plenamente a vigilância contra os perigos do interior. Os enfrentamentos, os conflitos entre presos, os ajuste de contas, os homicídios e assassinatos, são freqüentes nas prisões.

[1] IRAETA, Juan Ramón. *La cárcel*. Madrid, Mañana, 1977, p. 67.
[2] Lei Orgânica Geral Penitenciária (art. 1º) e Regulamento Penitenciário (art. 1º).

Reeducação

Objetivo da pena é também a reeducação do preso. A reeducação, na teoria, supõe que o indivíduo foi educado, foi deseducado e deve ser educado novamente. Esses três estágios, puramente teóricos, estão possivelmente fora do contexto. Em muitos casos não existiram e nunca existirão. Geralmente, entende-se por pessoa educada a que se ajusta aos paradigmas gerais de comportamento cívico, os que a sociedade estabeleceu e considera normais. Porém, quem pode garantir, de maneira absoluta, que esses comportamentos são os justos, os que se ajustam à verdade objetiva? O delinqüente tem também a sua verdade como norma e imperativo de sua conduta. Como se lhe pode provar que sua verdade não é a verdade, senão mentira, e que a verdade objetiva se encontra nas leis imperantes?

De outro lado, uma alta porcentagem da população reclusa não recebeu nunca a formação e a educação dos demais cidadãos, e isto por pertencer a famílias desfavorecidas e com freqüência marginalizadas. Vivem culturas diferentes do resto da sociedade. E se não foram "educados", não poderão ser "deseducados" e nem poderão ser "reeducados". Em teoria, teriam que ser educados. Porém, podemos afirmar que a prisão, por sua própria natureza e condição, não educa nem reeduca ninguém, muito pelo contrário, a prisão tem um poder deseducador. Então, para que serve a prisão?

2. Desumanidade estrutural da prisão

A maioria das prisões atuais são edifícios antigos que não apresentam condições requeridas para ser habitados. Construções velhas, insalubres, inóspitas "onde toda incomodidade se apresenta".[3] As instituições penitenciárias são as primeiras a reconhecê-lo. É justo ressaltar o esforço enorme que estão realizando com a construção de modernos estabelecimentos penitenciários, alguns inclusive de caráter residencial, com a louvável intenção de que a prisão seja um ambiente menos desumano e martirizante.

Inferno carcerário

Apesar de tudo, e por razões não puramente estruturais, mas também por razões de conveniência, a prisão continuará a ser o que sem-

---

[3] CERVANTES, Miguel de. *Don Quijote de la Mancha*. Prólogo.

35

pre foi: "lugar triste, grave e humilhante; o gemido, ruído, clamores e vozes dos presos que, comumente, se ouve nas prisões"[4]; "um inferno"[5]; "um vivo retrato do inferno"[6]; "antro de maldade, próprio para destruir bons sentimentos e gerar monstros"[7]; "fábrica de pranto"[8]. Talvez seja esta a mais exata descrição literária da prisão:

> A prisão é como o fogo que tudo consome[...] Um logradouro de insanos, castigo forçado, inferno breve, longa morte, vale de lágrima, casa de néscios, onde cada um grita e cuida de sua loucura. Sendo todos réus, ninguém se considera culpado nem considera grave o seu delito.[9]

Massificação

A exigüidade de espaço superlota as prisões. A maioria alberga uma quantidade de presos muito acima de sua capacidade, o que não permite que os mesmos levem uma vida digna e tenham sua cela individual como postula o sistema prisional.* Há prisões que mais se assemelham a depósito de pessoas em massiva e constrangida convivência. Disso resulta a falta de higiene e a despersonalização, a falta de identidade do preso, que, com freqüência, não passa de um número, o número da cela que ocupa; às vezes, um número compartilhado.

Convivência constrangida

A exigüidade de espaço, a massificação, o confinamento e a deficiente classificação dos presos, resultam também na convivência de

---

[4] SANDOVAL, Bernardino de. *Tratado del cuidado que se debe tener de los presos pobres.* Toledo, Casa de Miguel Ferrer, 1564, pp. 2-3.

[5] SANTA TERESA DE JESÚS. *Carta a la madre Batista de Valladolid,* 29 abr. 1576.

[6] ALEMÁN, Mateo. *Vida y hechos del pícaro Guzmán de Alfarache.* v. 2. Madrid, [s.n.], 1929, p. 454.

[7] ARENAL, Concepción. *La cuestión penitenciaria.* Madrid, [s.n.], 1983, p. 255. (Obra selecta).

[8] HERNÁNDEZ, Miguel. *Obras completas.* Madrid, Zero, 1976, p. 362.

[9] ALEMÁN, Mateo, op. cit., p. 454.

* A LEP brasileira reza em seu art. 88: "O condenado será alojado em cela individual que conterá dormitório, aparelho sanitário e lavatório". (N.T.)

pessoas de ressaltadas diferenças sociais e culturais. Move-se o preso num espaço artificial, obrigado a conviver com pessoas estranhas, com talentos e gostos diferentes, comportamentos díspares, maneiras diferentes de pensar, de se expressar e de proceder, o que exige um continuado sacrifício e uma grande capacidade de tolerância.

Um dos mais graves problemas carcerários, uma das mais pesadas servidões que pesa sobre os infelizes presos, é a convivência forçada..., suportar a presença contínua de pessoas com as quais não se deseja nem se suporta conviver..., convivência em condições infrahumanas, com indivíduos de toda espécie, mentalidades discordantes e de duvidosos hábitos de limpeza.[10]

Coabitar com pessoas com as quais não se tolera conviver é outra das características da privação de liberdade. Teoricamente pode parecer um pouco exagerado, porém, quando se pensa que se deve agüentar a presença física, isto é, cheiros, atitudes, mentalidade, comportamentos, critérios, valores etc. de muitas pessoas sem nada poder fazer, o panorama muda sensivelmente.[11]

Se a convivência com pessoas próximas e queridas tropeça em graves dificuldades na vida quotidiana, que será de uma convivência na anormalidade da prisão entre pessoas diferentes, distantes, indesejáveis e, por vezes, odiadas? A convivência, "a companhia forçada com gente descontrolada e facínora",[12] "a nociva mescla com toda espécie de delinqüentes",[13] constituem um dos maiores martírios e sofrimentos do preso. Nesse ambiente criado artificialmente, inevitável, que se deve suportar a todo custo, o preso corre o risco grave de tornar-se anti-social.

De igual forma, essa convivência forçada e constante apresenta um grande perigo moral. "O preso, muitas vezes na ociosidade, convivendo com indivíduos viciados e de duvidosa moralidade, que assumem lideranças e impõem estilos de conduta, é forçado a recolher-se, correndo assim o risco de ofender a Deus."[14] Por esse motivo, porque a prisão oferece a facilidade de criar amizades duvidosas e nocivas — ainda

---

[10] FONTRODONA VILANOVA, Mariano. *Cárceres en llamas*. Barcelona, Bruguera, 1978, p. 126.
[11] NÚÑEZ, C.; GONZÁLEZ, J. *Los presos*. Barcelona, Dopesa, 1977, p. 37.
[12] SANDOVAL, Bernardino de, op. cit., p. 9.
[13] LARDIZÁBAL Y URIBE, M. *Discurso sobre las penas*. Madrid, [s.n.], 1967, p. 125.
[14] SANDOVAL, Bernardino de, op. cit., p. 9.

que não raro também forjadora de amizades sinceras e duradoura —, quase sempre e, lamentavelmente, deve-se aconselhar o preso: "Não te ajustes à prisão. Não faças amizades, odeia essas quatro paredes e essa miserável massa humana. Somente assim, estando alerta contra todo canto de sereia, poderás deixar a prisão sem ter te contaminado. Tens de fazer a opção entre a prisão e a liberdade".[15]

Sem privacidade

Num ambiente assim, o direito à privacidade não se exerce nem pode ser exercido. Esse é um dos mais cruéis sofrimentos que afligem os presos: a perda constante e sistemática da privacidade pessoal, da vida íntima. Há presos que desde o seu ingresso até sua saída da prisão não podem nunca estar sós. Há os que nunca puderam usufruir de uma cela individual, ainda que de reduzidas dimensões. Há também os que durante sua longa permanência na prisão nunca estiveram sós, sempre com outros, todos os momentos do dia e da noite. É assim como estar sempre numa praça pública, sempre exposto, psicologicamente vulnerável ante os demais, sem dispor de um reduzido espaço para a própria intimidade.

3. Instituição desumana

Marginal e marginalizadora

A prisão é uma instituição marginalizada pela sociedade. Todos a desejam fechada com altos muros e distante. Ninguém a quer junto aos centros urbanos. Trata-se de uma marginalização não só física e geográfica, mas também espiritual. A sociedade rejeita a prisão, quer desconhecê-la, e se porventura dela se interessar é justamente para exigir uma prisão austera, na qual os presos estejam vigiados para que deixem os demais viver tranqüilamente. Na prisão são rompidas as conexões com o mundo exterior. O preso se sente totalmente abandonado. Os amigos de fora já não existem, não eram amigos sinceros porque não o são na infelicidade e infortúnio. A prisão é um excelente cadinho para provar as amizades. Ainda que com menos freqüência, os presos são abandonados pelos próprios familiares, cansados de

---

[15] SALVADOR, Tomás. *Cabo de vara*. Barcelona, Destino, 1965, p. 142.

agüentar e de não conseguir a emenda da ovelha negra da família. O preso se vê, dessa forma, mergulhado numa terrível solidão.

A prisão é uma instituição para marginais, marginal e marginalizadora... A prisão oferece o perigo evidente e real de dessocializar o preso. A reinserção social é uma meta impossível de se atingir na instituição penal. Efetiva tão-somente a inserção, adaptação à própria instituição. E isto não é e nem se denomina reinserção social, é institucionalização, dessocialização.[16]

Poder-se-ia chamar de alienação absoluta do homem aprisionado. O pior que pode ocorrer ao preso é inserir-se como uma peça de ajuste na engrenagem da prisão, acomodar-se a ela, viver comodamente nela, como se esta fosse seu hábitat normal.

Maus-tratos

A sociedade impiedosa, para combater a delinqüência e dissuadir o delinqüente, exige rigor, intervenção contundente da polícia e repressão na execução da pena: "rédea curta". No entanto, todos sabemos que a repressão não educa, mas exaspera, humilha, denigre e avilta. Na prisão há repressão e tortura de todas as formas. Não nos referimos às torturas físicas de cepo, grilhetas e cassetetes, mas a maus-tratos psíquicos. Para dar um exemplo: as celas de isolamento, surdas. Observe: 1) Nenhum funcionário pretende torturar, ninguém tortura diretamente, e muito menos a política penitenciária, que persegue com decisão qualquer atentado de tortura intencionada. 2) O regime penitenciário é, por sua própria natureza, um instrumento torturador.

A vida carcerária tolera e admite a tortura. "Quem cai nas redes do sistema penitenciário é condenado não só à privação da liberdade, mas também a uma diversidade de torturas arrepiantes."[17]

Dessocializadora

A prisão, ao privar de liberdade, destrói os valores fundamentais da pessoa. Torna-se dessocializadora ao excluí-la da sociedade. Os

---

[16] HERNÁNDEZ MORENO, J. J. Participación de la sociedad en las tareas rehabilitadora. *Corintios XIII*; revista de teología y pastoral de la caridad, n. 48, p. 161, out./dez. 1988.

[17] TRÍAS SAGNIER, Jorge. Morir en la cárcel. *ABC*, p. 60, 10 abr. 1990.

sistemas repressivos, mas também os vindicativos, não só deixam de recuperar os culpados, como, pelo contrário, desencadeiam neles os piores instintos do ser humano: a agressividade e a raiva, o ódio e a vingança, a traição e o engano, a violência e a impiedade.

Humilhadora

O sistema penal é também, por sua própria natureza e apesar das boas intenções do funcionário, um sistema de constante humilhação para o preso. O fato de estar privado de liberdade, de estar recolhido e ser estigmatizado como delinqüente e proscrito já é um ostracismo humilhante. Essa humilhação acentua-se com o regime penitenciário, especialmente com as revistas, buscas e chamadas a que é submetido diariamente o preso.

Desumana

A prisão é uma instituição desumana, que serve para envergonhar uma sociedade que não encontra ou não quer encontrar outros meios mais humanos, positivos e eficazes de proteção, correção e emenda do delinqüente. "A prisão é uma experiência de desumanidade da qual nos devemos envergonhar, pois atesta nossa incapacidade para descobrir meios de garantir a segurança de bens e de pessoas."[18] O desenvolvimento da pessoa humana, fim primordial de toda atividade na prisão, não se dá e nem se pode dar. Muito pelo contrário, a personalidade do preso é destruída, traumatizada, marcada para sempre. A reclusão equivale à infra-humanização. Nela são tolhidos inúmeros direitos humanos. Por isso mesmo torna-se fundamentalmente desumana. A Pastoral Carcerária tem que se comprometer com o processo de humanizar o despersonalizante espaço carcerário, tentar conseguir que a prisão não pareça prisão.

A irresponsabilidade

A prisão é a escola da irresponsabilidade, a escola do absurdo. Procura desenvolver no preso o sentido da responsabilidade e, ao mesmo tempo, está estruturada para destruí-lo, pois o preso não exercita sua responsabilidade. Tudo se lhe dá pronto, tolhe-se a ini-

---

[18] SASTRE GARCÍA, V. J. El servicio de la Iglesia en las prisiones. *Corintios XIII*; revista de teología y pastoral de la caridad, n. 48, p. 78, out./dez. 1988.

ciativa, transformando-o num autômato, um robô. Cabe-lhe apenas obedecer.

O preso é simplesmente um número; não se lhe pergunta o que pensa e o que quer; ordena-lhe o que deve fazer, conforme uma regra inflexível igual e aplicada para todos. A obediência quanto mais passiva, melhor; esta obediência é o ideal tanto para o preso como para o monge; se com palavras e com ações dizem a seus superiores: *Fiat mihi secundum verbum tuum*, são religiosos modelares.[19]

Como educar para a responsabilidade num regime de não responsabilidade?

O regime penitenciário, que regulamenta de modo minucioso, em todo instante, as atividades do preso [...], mata sua personalidade e o converte num autômato movido pela complexa engrenagem das incontáveis regras do estabelecimento. Essas restrições [...] convertem o preso num escravo da pena, num ser humano diferenciado dos outros seres humanos.[20]

E o mais grave, freqüentemente fica ele marcado de forma indelével e permanente para a vida. "Não podemos ignorar os efeitos nocivos e deletérios da prisão. Entre eles, a destruição da personalidade humana, a incapacidade para viver em liberdade."[21]

A droga

A esses efeitos negativos devemos acrescer hoje o problema da droga. A droga entra nas prisões em grande quantidade. O preso que tem dinheiro pode drogar-se com facilidade. A droga é, em alta porcentagem, a principal causa da delinqüência juvenil. Esta causa continua presente na prisão; o internamento, longe de constituir uma ocasião para dissuadir, o é para reafirmar. É sumamente difícil acabar com as drogas na prisão, pois para isso seria necessário o emprego de métodos que ferem os direitos humanos. A administração esforça-se, mas não consegue. Talvez não seja possível.

---

[19] ARENAL, Concepción. *El visitador del preso*. Madrid, Victoriano Suárez, 1946, p. 110.
[20] CUELLO CALÓN, Eugenio. *La moderna penología*. Barcelona, Bosch, 1973, p. 260.
[21] RODRÍGUEZ DEVESA, José Maria. Alegato contra las medidas de seguridad en sentido estricto. *Anuario de derecho penal*, n. 1, p. 10, [s.d.].

A droga, em qualquer de suas variantes que circula pelas prisões, é causa de inúmeros problemas, como mortes por overdose, angustiosas síndromes de abstinência entre os drogados presos, negócios lucrativos que criam situações de criminalidade nos próprios estabelecimentos penais e, especialmente, o alimentar seu mercado negro com rendosos benefícios econômicos.[22]

4. A prisão, uma instituição falida

Escola de criminalidade

É de todos sabido que a reabilitação e a reinserção social não se conseguem nunca, que a instituição carcerária é absolutamente ineficaz. E pior ainda, a prisão é a escola da delinqüência, a universidade do crime. Pretende dissuadir o delinqüente, mas a única coisa que consegue é profissionalizá-lo no crime. O primário sai um profissional. O contágio com delinqüentes habituais, profissionais mestres, iniciam-no em novas técnicas. A prisão torna-se um espaço onde se adquire uma enfermidade altamente contagiosa, que infecta todo o universo carcerário. A reincidência no crime é safra abundante na seara das prisões.

O fato de alguém retornar à prisão é sempre mais grave que o fato de ter sido condenado pela primeira vez. Se ingressou no sistema penal por um roubo de pouca monta, a segunda entrada o será por um grande roubo; se antes o foi por um ato de violência, agora o será por um assassinato. São unânimes os ciminólogos, neste ponto. [23]

A prisão será sempre um centro corrompido e corruptor.

Todos afirmam, e ninguém se atreveu a desmentir, que nossas prisões são foco de corrupção moral e de criminalidade como conseqüência da influência e aprendizagem que dos piores recebem os recém-chegados, que, após poucos dias de encarceramento, acabam reconhecendo certa liderança e superioridade dos mestres do crime,

---

[22] BONAL, R. Prólogo. In: DRAPER MIRALLES, Ramón. *De las prisiones de Franco a las cárceles de la democracia.* Barcelona, Argos-Vergara, 1984.

[23] KROPOTKINE, P. *Las prisiones.* Traducción y notas de J. Martínez Ruiz. Valencia, Imprenta Unión Tipográfica, 1897, p. 9.

aos quais admiram como modelos e respeitam como profissionais consumados.[24]

Na prisão, como em toda parte, sempre houve e haverá classes; há até máfias. Existem presos que exercem um poder onímodo sobre os demais, que se tornam os amos da casa, profissionais do crime que, inclusive, exaltam e enaltecem seus atos delitivos, sua vida delinqüencial, da qual orgulhosamente se gloriam, para assim serem admirados e respeitados como os líderes do estabelecimento. Sua influência no universo carcerário é importante e efetiva.

O certo é que "a experiência nos ensina que a maioria dos condenados tornam-se piores e alguns até incorrigíveis".[25] "Os réus saem já pervertidos das prisões e perdido em todo ou em parte o pudor e a vergonha; crêem que nada têm a perder, abandonam-se facilmente a outros excessos maiores até chegar ao estado de incorrigíveis."[26] "A prisão está destinada a fabricar delinqüentes em série [...], é um viveiro de delinqüentes. Estrutura-os no seu ambiente fechado, os solidariza, hierarquiza e predispõe para futuras cumplicidades."[27] "As ações mais aviltantes, como ervas daninhas e venenosas, crescem na atmosfera e solo fértil da prisão."[28]

A reforma penitenciária

É funesto o panorama da prisão. Para alterar esse quadro, em todos os países civilizados empreenderam-se reformas penitenciárias. Também na Espanha. Nos últimos vinte e cinco anos, os esforços da administração foram ingentes. Criaram-se equipes de observação, classificação e tratamento, integradas por especialistas e profissionais nas ciências do comportamento humano. Modificaram-se as estruturas dos velhos edifícios com o fim de torná-los mais humanos. Construíram-se e, ainda hoje, se constroem novos edifícios de estilo modular e residencial. Aumentaram-se as planilhas de funcionários. Criaram-se planilhas de educadores, de assistentes sociais, de auxiliares e agentes prisionais. Promulgou-se a Lei Geral Penitenciária.

---

[24] LASTRES, Francisco de. *La cárcel de Madrid*. Madrid, La Revista Contemporánea, 1877, p. 54.
[25] LARDIZÁBAL Y URIBE, M., op. cit., pp. 78; 120.
[26] Ibid., p. 126.
[27] IRAETA, Juan Ramón, op. cit., p. 67.
[28] WILDE, Oscar. *Balada de la cárcel de Reading*. Madrid, Espasa-Calpe, 1959.

Todas essas medidas precisaram de grandes investimentos financeiros. Louvável e positiva foi a vontade política. Mas, apesar de tudo, arrisco-me a dizer que nada melhorou o sistema. Diria até que piorou. A reforma não chegou a ser uma realidade. A reforma não chega nunca, porque se trata de uma realidade irreformável; reformar a prisão é suprimi-la. Uma prisão reformada deixa de ser prisão. A prisão é, por sua própria essência, anti-humana e antievangélica. É anti-humana porque nela não se pode respeitar inúmeros direitos humanos; e é antievangélica porque significa a negação dos princípios fundamentais do Evangelho, como a solidariedade, o amor, a liberdade, a misericórdia, a indulgência e o perdão. Se a tornarmos humana e evangélica, que é a reforma desejada, a teremos transformado de tal modo que a converteremos em outra coisa, destruindo-a. Ao invés de erigir novas prisões, seria melhor acabar com as existentes. "A prisão é um meio falso que faz com que o preso seja cada vez menos apto para a vida social. Carece de finalidade; é um ultraje da sociedade; deve desaparecer."[29]

Como a reforma consiste substancialmente em oferecer aos presos a possibilidade de usufruir ao máximo os direitos humanos, a Pastoral Carcerária deve apoiá-la sem a menor reserva. Por que o que é a Bíblia, espelho onde a Igreja deve espelhar-se cada dia, senão o livro dos direitos humanos? Não é a Igreja a mais decidida defensora dos direitos humanos? E o que deverá ser a Pastoral Carcerária senão a proclamadora desses direitos tão coarctados, limitados e reduzidos na prisão?

Uma instituição falida

Os efeitos deteriorantes da prisão são evidentes, a reforma inviável; portanto, devemos reconhecer que estamos diante de uma instituição em processo falimentar, ante um cadáver ao qual deve-se dar um sepultamento cristão. É uma instituição criada para suprir outras penas, que pareciam mais duras e cruéis, porém, sem possibilidade de êxito. "A prisão é a instituição que, por sua própria finalidade, está condenada ao fracasso. A prisão é uma instituição maldita."[30]

Duvido que haja uma instituição mais desacreditada que a prisão.

A prisão é um monumento ao fracasso, à insolidariedade e à agressividade da sociedade, a qual ao sentir-se agredida responde com esse castigo, não raro, muito mais duro que o dano que ela sofreu; aplica-

---

[29] KROPOTKINE, P., op. cit., p. 34.
[30] BONAL, R., op. cit., pp. 9; 11.

se praticamente a lei do talião e a lei da vingança. Perguntemo-nos: se a pena da prisão, em sua longa história existencial, tem demonstrado sua inutilidade, sua ineficácia, seu fracasso e sua nocividade, por que ela continua sendo a pena principal e generalizada para todos os crimes? Além do mais, a pena generalizada supõe uma injustiça e um absurdo, pois assim como não se pode aplicar a todos os enfermos a mesma receita médica, tampouco pode-se aplicar a mesma medida corretiva a todos os delinqüentes.

Nesse contexto, o que deve fazer a Pastoral Carcerária?

1) Ter a coragem de proclamar que se a prisão por ora não pode ser abolida, deve figurar nos códigos penais somente como *ultima ratio*, como a última medida, à qual se deve apelar somente quando não há possibilidade alguma de impor outras penas.

2) Apoiar a idéia de que os crimes considerados medianos e menores não devem ser punidos com a prisão; esta deve reservar-se unicamente para os crimes graves.

3) Esclarecer que aproximadamente 70% dos crimes punidos são contra a propriedade; que estes crimes punidos supõem só 2% dos delitos cometidos contra a propriedade; portanto, 98% dos crimes contra a propriedade ficam na mais absoluta impunidade. Precisamos nos perguntar: É justo deixar impune 98% dos crimes que, geralmente, são crimes graves (por exemplo, falência fraudulenta de empresas, fraudes imobiliárias), e castigar apenas 2% que, em sua maioria, são crimes de menor importância, perpetrados pela classe mais humilde da sociedade?

4) Ajudar a buscar penas alternativas à pena de prisão, como pode ser o internamento em centros terapêuticos que não apresentem caráter carcerário, já que muitos dos encarcerados não são delinqüentes, mas sim doentes, como, por exemplo, as vítimas de drogas; e os trabalhos sociais, úteis para a sociedade, pois o Estado tem muitas estradas para construir, muitas casas sociais e vias férreas para reconstruir.

 Textos

"A maioria dos que lotam as prisões são pessoas que não tiveram firmeza para resistir às tentações que as rodeavam ou para dominar uma paixão que as impulsionava. Pois bem, na prisão tudo está disposto para destruir e matar a vontade. O ser humano não tem liberdade para escolher entre dois atos, e as ocasiões que se lhe apresentam para exercitar sua vontade são excessivamente limitadas. Toda sua vida está regulamentada antecipadamente: não tem mais que fazer senão seguir a corrente, obedecer em tudo, sob pena de sofrer duros castigos. Nessas condições desaparece toda vontade que podia ter antes de ingressar na prisão." (P. Kropotkine, *Las prisiones* [As prisões], Valencia, Imprenta Unión Tipográfica, 1897, p. 16.)

"Todos os dias e todas as horas se lhe dirá: *deves* fazer isto ou aquilo, e nunca: *queres* fazê-lo? Semelhante disciplina o desvaloriza aos seus próprios olhos, e não se poderá considerar como pessoa se não *puder* alguma vez fazer o que *quer*... Aos seres humanos livres lhes será mandado nada mais que o necessário, e o mesmo aos presos... Mandar ao preso o estritamente necessário, dar-lhe a possibilidade de escolher o que for possível e proporcionar-lhe o exercício razoável de sua vontade." (Concepción Arenal, *El visitador del preso* [O visitante do preso], Madrid, Victoriano Suárez, 1946, pp. 110-112.)

"A situação social, que compreende muitos pormenores [...], pode sintetizar-se em dois capítulos: seres humanos corrompidos na prisão e corrupções realizadas por seres humanos corrompidos. No primeiro capítulo, deve-se compreender a morte prematura ou assassinato gradual, porque sendo notório que a prisão mata, enviar-lhe pessoas supõe premeditação e traição, morte moral ou corrupção de menores, porque exercendo o Estado a tutela jurídica e sabendo que a prisão corrompe, envia o ser humano para que seja corrompido. Por um lado, temos a sociedade com uma porção de seres humanos eliminados e, por outro, lhes são enviados uma infinidade de elementos agressivos. A sociedade quer libertar-se de elementos que a transtornam, como quer livrar-se do influxo de epidemias. A prisão, o presídio, todo o sistema jurídico-penal, contribuem para fomentar o crime; e a sociedade, em vez de resguardar-se, está transtornada em seus interesses morais e materiais". (Rafael Salillas, *La vida penal en España* [A vida penal na Espanha], Madrid, Revista de Legislación ,1888, p. 85.)

"A prisão é escola do crime e do vício [...] Esses infelizes aprendem ali sua profissão, ingressando com tanta freqüência no estabelecimento, que já são conhecidos como *filhos da casa*... Calcula-se, que nas grandes penitenciárias, uma terceira parte da população é constituída pelos filhos da casa, jovens, adultos e velhos, que saem para delinqüir e entram para não se emendar. Sua história se reduz a ter entrado tardiamente na prisão. É, pois, a prisão, escola do crime e do vício pelas relações que permite, tendo um caráter imoral." (Ibid., pp. 287-389.)

"Os jovens entram com tanta facilidade nas prisões como com facilidade se corrompem nelas, e saem e entram uma ou outra vez, e de tal modo se habituam à casa, chegando a considerá-la como seu melhor, ainda que obrigatório, domicílio; nem mais nem menos que uma residência em que se hospeda uma pessoa tranqüila e honrada. Por isso, tudo que se fizer para impedir que os jovens ingressem na prisão merecerá louvor." (Fernando Cadalso, *Diccionario de legislación penal, procesal y de prisiones* [Dicionário de legislação penal, processual e de prisões], Madrid, J. Góngora Álvarez, 1908, p. 611.)

"Hoje, o que se denomina 'administração da justiça penal' nada mais faz que piorar as coisas, relegando os delinqüentes à prisão, para que ali, lançando lenha na fogueira, acabe por reforçar as correntes do infeliz, cujas condições de corpo e espírito o impedem de agir como ser humano honrado, digno, 'livre e racional'; por isso, com os atuais sistemas, é certo que 'quem entra uma vez na prisão torna-se um ser humano perdido para sempre" (Pedro Dorado Montero, *De criminología y penología* [De criminologia e penologia], Madrid, Viuda de Rodríguez Serra, 1906, p. 60.)

"Como num grande hospital em que os hálitos corrompidos que exalam os diversos doentes, infectando o ar, produzem novas enfermidades e tornam incuráveis as que não existiam, assim numa prisão o relacionamento de uns com os outros e os maus exemplos mais contagiosos que as enfermidades epidérmicas, propagando-se entre todos como um câncer, pervertem os que não o eram, transformando as prisões, destinadas à vigilância dos condenados, em escolas de iniqüidade e seminário de seres humanos maus e perniciosos à nação." (M. Lardizábal y Uribe, *Discurso sobre las penas* [Discurso sobre as penas], Madrid, [s.n.],1967, p. 126.)

"O Estado assume gravíssima responsabilidade, desmoralizando e corrompendo os presos pelo regime a que os submete. O homem em liberdade é responsável pelos seus atos, porém, se o poder público o coíbe e o coloca em condições negativas, favorecendo, sem o querer, sua perdição e aviltamento, o preso envereda pelo caminho que lhe apontam, pois não tem meio de optar por outro; e se, no final, nos deparamos com um homem pervertido, só o Estado será responsável por essa injustiça. Julgam alguns que a correção não é o fim único da pena, porém, concordam que não está certo pervertê-lo na prisão; já que as prisões não corrigem, ao menos preservem-se os presos em sua moral e ter-se-á conseguido o resultado positivo de evitar a progressão do mal em circunstâncias em que é tão fácil o contágio." (Francisco de Lastres, *La cárcel* [A prisão], Madrid, La Revista Contemporánea ,1887, p. 56.)

Questionário

- Que responsabilidade tem o Estado e a sociedade por serem as prisões sementeiras de delinqüência?
- Pode-se assegurar que todos os malefícios que a prisão produz se devem ao regime penitenciário?
- Qual o índice de reincidência na prisão em que atua?
- A prisão continua sendo hoje, como o vinha sendo sempre, escola de criminalidade?
- Quantos "profissionais do crime" existem na prisão em que atua?
- Que faz a Pastoral Carcerária para minimizar esse tipo de presos e anular a aprendizagem que ministram?
- Tomam-se as devidas medidas profiláticas, morais, de separação, de atenção, de vigilância e de cuidado para evitar o contágio da maldade?
- A prisão traumatiza para o resto da vida? Por quê? Como evitar esse trauma?
- Conhece algum preso que tenha deixado a prisão melhor do que quando entrou? A que se deve isto?
- Que se poderia fazer na prisão para melhorar o regime e o tratamento? Qual o papel da pastoral nessa tarefa?
- É possível a reforma penitenciária? Em que deve consistir fundamentalmente essa reforma? Qual a contribuição da pastoral nesse ponto?
- Como colabora e como deve colaborar a Pastoral Carcerária na tarefa primordial da prisão? Qual é a "reeducação e reinserção social" dos presos?
- Os presos do estabelecimento em que atua podem exercer o direito da intimidade?
- No espaço marginalizado e marginalizador da prisão há algum preso remarginalizado pelos demais? Se existe, como o assiste a Pastoral Carcerária?

- Existe tortura na prisão em que atua? Se existe, que faz a Pastoral Carcerária para evitá-la?
- Existem facções organizadas, presos que impõem aos demais a lei do mais forte? Que faz com eles a Pastoral Carcerária?
- Por que motivos e razões evangélicas e humanas a prisão deve ser considerada como uma instituição antievangélica e anti-humana?

Capítulo 3

A QUEM SE DIRIGE A PASTORAL CARCERÁRIA

1. Os presos

Os protagonistas

Os protagonistas da Pastoral Carcerária são os presos. Devem eles ser considerados os "donos da casa", a quem todos (funcionários, técnicos, agentes de pastoral) vamos servir. Suas vozes devem ser escutadas atentamente por todos nós, para ser diligentemente atendidas. Não basta o que deles pensamos e nem o que estamos dispostos a fazer. É necessário saber o que dizem de nós, que pretendem de nós. Não podemos converter-nos em pontífices máximos e celebrar um monólogo em voz alta, para formular uma programação da Pastoral Carcerária, sem escutar antes os destinatários da ação pastoral. A administração penitenciária deve, de igual maneira, ouvir as justas reivindicações que fazem, pois geralmente são muito justas e razoáveis.

Personalidade do preso

Fatores hereditários

O delinqüente é um indivíduo afetado por inúmeros fatores que a Pastoral Carcerária deverá ter em conta. Os fatores hereditários podem influenciar de maneira decisiva e determinante na sua vida delinqüencial. As ciências do comportamento humano nos oferecem um quadro sistemático e científico de teorias biológicas que figuram no rol das causas da desordem delitiva. O delinqüente, às vezes, não é o que gostaria de ser, mas sim o que seu *corpo e psique* o obrigam a ser. Podemos nos encontrar, por exemplo, diante de taras congênitas herdadas de membros de famílias vítimas do alcoolismo e da droga.

Fatores psicológicos

Os fatores psicológicos configuram igualmente sua personalidade e explicam, em parte, sua conduta: o desejo do prazer diante do proibido, a plena satisfação pelos estímulos que a sociedade e a publicidade apresentam de maneira intoxicante: todos têm, mas ele está privado; o progresso, o bem-estar e o consumo chegam aos outros, e não a ele. Por que a sociedade lhe nega algo que para os demais é oferecido abundantemente? A falta de solidariedade, o individualismo, o egocentrismo, a ruptura com o outro, a frustração pessoal o predispõem ao ato delitivo.

Fatores familiares

O preso, de forma significativa, procede de um ambiente familiar desequilibrado, ou por falta de autoridade, ou por falta de recursos, ou por enfrentamentos violentos com os pais; procede de famílias desestruturadas, de lares onde há ausência de afetividade familiar, onde o pai ou a mãe estão quase sempre ausentes, onde se vivenciam contínuas e violentas tragédias familiares. Isso tudo sem contar a droga, o alcoolismo, a prostituição e a miséria.

Fatores sociais

Ao antes exposto, acrescemos a crise do próprio sistema social. Vivemos numa sociedade de consumo onde o valor supremo não está no ser, mas sim no ter, no dinheiro. O êxito da pessoa vincula-se ao dinheiro e ao poder aquisitivo. São Paulo dizia que o amor ao dinheiro é a causa e a origem de todos os males (1Tm 6,10). Os meios de comunicação incentivam e perturbam os mais fracos da sociedade; a violência, prodigamente oferecida pela televisão; a exigüidade de espaços, a ociosidade, o desemprego, as "estruturas de pecado" e a injustiça social são causas estruturais da delinqüência.

Diante dessas realidades desencadeadoras da criminalidade e violência,

> quem se debruça para averiguar os fatores do caráter do indivíduo delinqüente, a triste herança orgânica e psicológica que sua família legou, a comprometida educação que recebeu, os maus exemplos re-

cebidos de seus progenitores e vizinhos, o completo abandono a que foram relegados quando criança e adolescente, os maus-tratos que recebeu e que contribuíram com a sua degeneração? Quem pensa naquela cumplicidade social... hoje exaltada pelos modernos estudos da sociologia?[1]

Fatores religiosos

Estamos comprometidos com um quadro de valores materialistas. O transcendente e o espiritual foram minimizados, relegados ao esquecimento, à inutilidade. Valoriza-se tão-somente o que se traduz em produtos práticos e constantes. O menosprezo pelos valores religiosos e morais é evidente. O afastamento de Deus é facilmente observado ao nosso derredor. Ao ignorar os valores superiores, que tão positivamente influem na conduta humana, ao relegar ao olvido comportamentos tradicionais, caiu-se num estado de materialismo grosseiro.

Não pretendemos liberar o delinqüente de toda culpa e responsabilidade. O homem sempre será responsável pelos seus atos. Os presos, ainda que praticamente em sua totalidade consideram e declaram injusta ou excessiva a condenação que receberam, no fundo de suas consciências confessam-se culpados e assim o manifestam.

Culpabilidade compartilhada

Com isso, queremos dizer fundamentalmente quatro coisas:

1) O crime não tem uma única causa imputável em sua totalidade ao delinqüente. Deve-se, com freqüência, a causas externas, a condicionamentos — de tipo social umas vezes e de tipo hereditário outras — e à própria decisão do indivíduo. Trata-se, assim, de uma culpabilidade compartilhada.

2) As circunstâncias em que o crime está marcado, atenuantes ou esquivas, minimizam e até eliminam a culpabilidade individual; de cada crime que se comete, todos somos em parte responsáveis. Ninguém é delinqüente por nascimento, por natureza. Eles não nasceram delinqüentes, fizemo-los delinqüentes. O homem não nasce mau, nasce fundamentalmente bom. São as estruturas sociais, os diversos fatores já enumerados, que o levam à delinqüência.

---

[1] DORADO MONTERO, Pedro. *De criminología y penología.* Madrid, Viuda de Rodríguez Serra, 1906, p. 60.

3) Nas prisões há indivíduos totalmente inocentes, vítimas do infortúnio, quando não da crueldade e da incompreensão. Homens e mulheres sem culpa, portadores de uma grande espiritualidade, que incompreensivelmente foram inscritos no catálogo de delinqüentes, apesar de terem uma conduta irrepreensível, perfeitamente ajustados aos cânones da convivência humana. Para estes é preciso recordar-lhes que Deus permitiu e quis que seus mais fiéis e leais amigos passassem pela prova purificadora da prisão, da qual sairão com uma personalidade mais rica e mais enriquecedora. Indira Gandhi dizia que todos aqueles destinados a ter alguma importante missão na sociedade, convém que passem ao menos um período de três meses na prisão...

4) Não se deve ver nem tratar o preso como um delinqüente, porque se assim for tratado, a única coisa que se consegue é fazê-lo progredir no crime. "Deve ser tratado com a consideração devida à sua condição de ser humano."[2] Se o tratamos com todo respeito e dignidade, como a um filho de Deus que é e que não deixa de sê-lo na prisão, o dignificamos, cooperando para sua conversão. Nenhum apóstolo pode cair na tentação de considerar os presos como pessoas-objeto, corações de pedra e não de carne, assassinos, criminosos, mafiosos, pessoas desprezíveis, lixo da sociedade. Estaria se equivocando quem assim os considerasse, porque ainda que presos, continuam sendo seres humanos, com a mesma dignidade que nós que estamos perambulando livres pelas ruas e, às vezes, com mais dignidade que muitos que se julgam livres.

A vida do preso

Sofrimentos

O preso é um ser humano que sofre continuamente.

O prisioneiro sofre,
chora seu tempo
ao passar das nuvens,
torturado de tristeza
diante do vazio
de suas grades.[3]

---

[2] CUELLO CALÓN, Eugenio. *La moderna penología.* Barcelona, Bosch, 1973, p. 260.
[3] CERVERA, Juan. *El prisionero.* Madrid, Rialp, 1979, p. 9.

A perda da liberdade, a maior desgraça que pode ocorrer a uma pessoa depois da perda da saúde; a separação dos entes queridos, o futuro prenhe de obscuridades e incertezas, a estreiteza da cela que ocupa e outros tantos incômodos e desventuras que tem que suportar o inunda de amargura e desesperança. Há momentos em que se sente totalmente deprimido e prostrado, como se encontrasse escrito nas paredes de sua cela aquele verso da *Divina Comédia*: "Deixai toda esperança vós que aqui entrais". Efetivamente, quando se adentra a prisão, perde-se muitas coisas.

A entrada na prisão cria de imediato uma incomunicabilidade atroz que destrói. Ruptura com o mundo exterior, com tudo que se tem vivido até este momento, a vida cortada pelo meio. Todo o mundo que foi construído com tanto carinho e amor, perdido do outro lado dos murros, sepultados todos os êxitos, desvanecidas todas as ilusões.[4]

Perde-se esperanças, perde-se lealdades, perde-se amizades, ouve-se o lamento:

Estas grades são de ferro
e estas paredes de pedra;
meus amigos são de vidro;
para não se partir não chegam.

Solidão

Talvez o maior tormento e tortura do preso seja a solidão, sentir-se abandonado, sentir-se só, ainda que cercado de gente; na verdade cercado de gente, porém não está *com* ela; só está *junto* dela. A prisão é um universo de gente amontoada e, ao mesmo tempo, distanciada: na realidade, um "amontoado de solidões". Afirmam os presos que a melhor ajuda para superar seu infortúnio a encontram na família. Graças a ela e por amor a ele conseguem sobreviver. Contudo, o contato com a família é curto, alguns curtos minutos, uma ou duas vezes por semana. O preso é praticamente um seqüestrado, com os sofrimentos que este carrega consigo, plasmado nestes versos:

---

[4] SASTRE GARCÍA, V. J. El servicio de la Iglesia en las prisiones. *Corintios XIII*; revista de teología y pastoral de la caridad, n. 48, p. 70, out./dez. 1988.

Estou vivendo no mundo
com a esperança perdida;
não preciso que me enterrem,
já estou enterrado em vida.

Assim os considerava o grande penitenciarista espanhol Cerdán de Tallada: "Os presos estão sepultos em vida, estão esquecidos como mortos".[5]

O agente da Pastoral Carcerária deve ser solícito para romper a solidão do preso e acompanhá-lo com suas palavras e seu coração, sabendo que a solidão pode se constituir numa excelente ocasião para a reflexão profunda, para programar e replanejar a vida.

A solidão facilita a reflexão, e a pena privativa de liberdade pode favorecer um replanejamento de vida. O problema desse itinerário pessoal está no apoio que o preso pode encontrar em outras pessoas, porque é difícil percorrer esse caminho sozinho. Nesse sentido, tanto o agente de pastoral como o responsável pela assistência religiosa podem desempenhar um papel de capital importância para acompanhar a reflexão ou apoiar futuras decisões.[6]

O agente da Pastoral Carcerária deve saber compartilhar a dor e as lágrimas que se derramam na prisão.

Ali na prisão, a fábrica do choro,
o tear da lágrima que não há de ser estéril,
o cadinho dos ódios e das esperanças,
fabricam, tecem, abatem.[7]

Pobreza

À prisão só vão os pobres. Os ricos ali não pisam, ainda que pratiquem graves e perniciosos crimes. Por exemplo, falências fraudulentas de empresas, enormes fraudes imobiliárias, enriquecimento ilícito, rápido e injusto. "O que enriquece rapidamente, não o faz sem crime" (Pr 28,20).

---

[5] Cerdán de Tallada, Tomás. *Visita de la cárcel y de los presos*. Valencia, Pedro de Huete, 1574, p. 74.

[6] Sastre García, V. J., op. cit., p. 60.

[7] Hernández, Miguel. *Obras completas*. Madrid, Zero, 1976, p. 362.

Um ladrão, que não fará para roubar? Chamo de ladrão aos pobres pecadores como eu, que com os ladrões de bem, com os que usam mantas de veludo, com os que revestem paredes com sedas e cobrem o solo com carpetes, asseguram-nos que somos inferiores a eles, como os peixes, quando os grandes devoram os pequenos. [8]

Como se as estruturas sociais existissem para favorecer os ricos e excluir os pobres. Porque quando, por causalidade, um rico é preso, o dinheiro exerce seu poder para conseguir imediatamente a sua liberação. Teremos, pois, que admitir que "as leis cruéis e martirizantes só têm força e validez para os desvalidos".[9] Isso afirmam penólogos tão renomados como Rafael Salillas: "As mesmas leis classificam os presos em duas categorias: pobres e ricos".[10]

É triste e penosa a vida do pobre encarcerado, como dizem estes versos escritos numa lúgubre cela:

Neste lugar maldito,
onde reina a tristeza,
não se pune o delito,
pune-se a pobreza.

Bernardino de Sandoval dizia que "não há nada mais triste nem mais pobre que o preso e o encarcerado"[11]; e Cerdán de Tallada repetia: "Entre os pobres não há ninguém que mais o seja que o triste, o miserável preso encarcerado".[12]

A maioria dos jovens encarcerados são pessoas que sofrem múltiplas carências econômicas, culturais, afetivas. Os demais têm, e eles não têm; os demais estudam, freqüentam universidades, e eles não; os demais estão amparados pelo afeto e simpatia, e eles são desprezados, vituperados, excluídos; os demais pertencem a famílias favo-

---

[8] Alemán, Mateo. *Vida y hechos del pícaro Guzmán de Alfarache.* v. 2. Madrid, [s.n.], 1929, p. 229.

[9] Melchior de Jovellanos, Gaspar. *El delincuente honrado.* Madrid, [s.n.], 1978, p. 55.

[10] Salillas, Rafael. *La vida penal en España.* Madrid, Revista de Legislación, 1888, p. 384.

[11] Sandoval, Bernardino de. *Tratado del cuidado que se debe tener de los presos pobres.* Toledo, Casa de Miguel Ferrer, 1564, p. 9.

[12] Cerdán de Tallada, Tomás, op. cit., p. 9.

recidas, e eles a famílias destruídas. A desigualdade social é brutal, a igualdade de oportunidades é um mito. A atenção a estes presos deve ser redobrada, pois "se todos merecem prestígio e atenção, muito mais se deve aos encarcerados por ser duplicada a sua miséria".[13]

Separação familiar

O encarceramento supõe a separação do grupo familiar. E como se poderá educar para a vida familiar o afastado e desvinculado da própria família? Espera o preso que seus familiares não o abandone nunca. Os sofrimentos compartilhados com os seres queridos tornam-se menos doloridos. A idéia de que sejam abandonados, de que o carinho e afeto se esfriem, é uma tortura mil vezes pior que a própria prisão. Os presos sentem-se constantemente atormentados, pensando continuamente nos que deixaram na rua, mais que por eles mesmos, sofrem pelos familiares.

Segregação social

O encarceramento supõe também a segregação social. E como educar para a vida em sociedade, estando os presos totalmente afastados dela? A realidade cruel é que a prisão cria barreiras físicas e espirituais praticamente intransponíveis. Se antes já havia um distanciamento entre eles e a sociedade, agora este distanciamento torna-se maior. Os presos são como plantas arrancadas do solo social, cuja replantação se torna quase impossível. Costuma-se dizer que a prisão é o mesmo que a morte social.

Desamor

Torna-se o encarcerado um indivíduo esquecido por todos. Sofre o desamor. Sente-se traído por todos: pelos amigos, aparentemente leais; pela companheira que jurou fidelidade; e não raro pelos próprios familiares, que significam a fidelidade inquebrantável. Em minha longa experiência de capelão penitenciário, conheci inúmeros casos em que o pai não quer saber do filho encarcerado, em que a própria mãe se desentende com o filho. Todos o abandonam ao seu trágico destino. E onde falta amor, falta tudo, pois esta vida só tem sentido e só vale a pena ser vivida se houver amor. Cabe ao agente da Pastoral Carcerária mostrar-lhe que, ainda abandonado por todos,

---

[13] SANDOVAL, Bernardino de, op. cit., p. 31.

jamais deve sentir-se abandonado por Deus; que Deus o ama com amor de pai, e que ainda que a mãe se esqueça do filho que suas entranhas geraram, Deus não o olvidará nunca (Is 49,15), sobretudo de seus filhos prediletos, entre os quais ele se encontra.

Privados de liberdade

Vivemos momentos históricos nos quais podemos desfrutar das liberdades públicas e privadas, coletivas e individuais. O exercício dessas liberdades proporciona ao homem uma das mais gratificantes satisfações e o meio apto para o pleno desenvolvimento da personalidade. A falta de liberdade constitui um contraste cruel. Se a privação da liberdade tem sido sempre dolorosa, hoje, de forma especial, é mais acentuada. Se todos gozam de tantas liberdades, por que os presos não gozam praticamente de nenhuma? O preso sonha com a liberdade e a deseja a todo instante, a reivindica sem cessar e até a antecipa como uma ilusão esperançosa. E "não há maior felicidade do que conquistá-la".[14] "A liberdade é um bem extremamente prazeroso que, uma vez perdida, todos os males se lhe seguem, e os bens que vêm depois perdem seu sabor, corrompidos pela escravidão."[15] Palavras estas que parecem uma fiel transcrição das de Dom Quixote a Sancho: "A liberdade, Sancho, é um dos mais apreciados dons dado aos seres humanos pelo céu; ela ultrapassa todos os tesouros que a terra esconde e o mar encobre; pela liberdade e pela honra, pode-se aventurar a vida, e o cativeiro é o maior mal que pode sobrevir aos seres humanos".[16]

É naturalmente compreensível que quem perdeu a liberdade trate de recuperá-la. Ela vale mais do que todos os bens juntos, como recorda o verso de Horácio: *Non bene pro toto libertas venditur Auro*. Na doutrina de Dom Quixote, o valente destruidor de injúrias e injustiças (I, 4), cuja profissão é socorrer os miseráveis e destruir os rigorosos (II, 52), ministro de Deus na terra e braço através do qual se faz justiça (I, 13), o desfaz as afrontas (II, 10), patrono e defensor dos necessitados (II, 27), a quem o céu dotou de blandicioso e compassivo ânimo, predisposto a fazer a todos o bem e o mal a ninguém (II, 15), coragem dos desalentados, sustentáculo dos combalidos e arrimo dos tombados, consolo dos infelizes (II, 25), o preso, se

---

[14] Cervantes, Miguel de. *Don Quijote de la Mancha*, II, p. 58.
[15] Organização das Nações Unidas. *El derecho de ser hombre.* Madrid, Tecnos/Unesco, 1984, p. 531.
[16] Cervantes, Miguel de, op. cit., I, 19.

pode, deve fugir; tem inclusive a obrigação de evadir-se, ainda que expondo a própria vida, porém, nunca a vida dos demais. Uma fuga assim é absolutamente legítima e moralmente boa.[17] O ser humano, criado para ser livre, deve viver em liberdade. Incita-o para isso a essência mais rica de sua pessoa, seu próprio instinto, a sociedade, as criaturas todas:

> Entre as grades de minha úmida cela
> vejo uma gavião, criado em cativeiro,
> parceiro do sofrimento. Batendo as asas,
> desgarra um pedaço de carne tingido de sangue.
> Logo se detém, olha-me, observa-me,
> como se pensara o mesmo que eu.
> Seu olhar me chama, seu grito me chama,
> quisera dizer-me: "Irmão, fujamos!
> Fomos criados para ser livres. Já é hora!"[18]

Libertemos todos os prisioneiros do mundo, que nem por isso o mundo ficará pior do que está, como o proclama Miguel de Unamuno:

> Pois a justiça é impessoal e abstrata, castiga impessoal e abstratamente. Vejo-os aqui, leitores meus, com as mãos na cabeça e os ouço exclamar: Que atrocidade! E logo falais de ordem social, de segurança e outros chavões. Eu vos asseguro que se libertos fossem os escravos das galeras, nem por isso o mundo seria mais inseguro; e se os homens todos fortalecessem a fé em seu destino último, em que todos seremos perdoados e admitidos ao reino do Senhor, que para ele nos criou livres, seríamos todos melhores.[19]

A fuga da prisão é tão natural, tão humana e tão legítima, que nunca deve ser considerada crime pelos códigos penais; tampouco deve ser considerada pelo regimento penitenciário como uma infração que leve à perda automática de benefícios.* A fuga deve repre-

---

[17] MARTÍN NIETO, Evaristo. Reflexiones sobre la Biblia desde las prisiones. *Corintios XIII*; revista de teología y pastoral de la caridad, nn. 27/28, p. 110, jul./dez. 1983.

[18] PUSHKIN. In: ORGANIZAÇÃO DAS NAÇÕES UNIDAS, op. cit., pp. 465-466.

[19] UNAMUNO, Miguel de. *Vida de Don Quijote y Sancho*. Madrid, [s.n.], 1985, p. 22.

* A LEP brasileira prevê a fuga como falta grave (art. 50, II), e a falta grave fará perder o direito ao tempo remido (art. 127). (N.T.)

sentar uma falta a ser debitada à instituição penal, que não soube cumprir sua tarefa de vigiar os presos.

De qualquer forma, sabemos que a liberdade física é tão difícil de conseguir que, na maioria dos casos, se torna impossível. Mas o preso pode conseguir a liberdade moral. Assim, o preso no cárcere pode ser mais livre que o cidadão da rua. "Os seres humanos encarcerados são mais numerosos fora da prisão do que no seu interior. Encarcerados por suas paixões, como o orgulho, o dinheiro, a síndrome do consumismo e tantos outros condicionamentos sociais."[20] Livres moralmente foram alguns famosos prisioneiros, como, por exemplo, Miguel Hernández:

> Sorrir com a alegre tristeza do esquecimento,
> esperar, não se cansar de esperar a alegria.
> Sorrindo, daremos a luz de cada dia
> na alegre e triste vaidade de ser vivo.
> Sinto-me cada dia mais livre e mais escravo
> neste sorriso tão puro e tão sombrio.[21]

O preso poderá ser esmagado, ter seu corpo aprisionado entre grades e cadeados, porém, sua alma poderá voar nas alturas, muito alto, ser mais livre, infinitamente mais que aqueles que criaram as prisões:

> Tranca as celas, fecha a aldrava, carcereiro.
> Prende esse homem; não prenderás a alma.
> São muitas chaves, muitos cadeados, injustiças;
> não aprisionarás a alma.[22]

Na prisão pode-se perfeitamente ser livre: "Não há força humana capaz de escravizar e enjaular outro ser humano, pois mesmo sob correntes, algemas, será sempre livre o livre".[23]

Tudo isso é verdadeiro, porém unicamente para pessoas intelectuais e humanas. Como pode um preso ser livre? A maior liberdade é a interior. É também verdade que essa liberdade de espírito só se pode obter em condições favoráveis, e a prisão não oferece precisa-

---

[20] POPOT, Jean. *Un prisionero llamado Jesús*. Barcelona, Picazo, 1966, p. 13.
[21] HERNÁNDEZ, Miguel, op. cit., p. 470.
[22] Ibid., p. 363.
[23] UNAMUNO, Miguel de, op. cit.

mente essas condições; ao contrário, é um meio hostil que, ao invés de favorecer, obstaculiza a liberdade moral. Apesar desses obstáculos todos, o preso deve saber que a liberdade total, não só da pena e do crime, mas de todas as escravidões, a encontrará somente em Cristo, o qual nos fez livres para que sejamos livres (Gl 5,1); é o único que nos oferece a verdadeira liberdade, e que rompe todas as cadeias que nos aprisionam.

As carências do preso

O tempo

Na prisão a dimensão do tempo é totalmente outra. Os relógios param, as horas passam a ser eternas. Os minutos decorrem lentamente. Horas contadas e recontadas muitas vezes ao dia na espera do julgamento que não chega, ou na espera da liberdade, que parece cada vez mais distante. Essa realidade do tempo, que se torna cruel e martirizante, deveria ser levada em conta pelos tribunais e juízes na hora de cominar sentenças, pois sabe-se que o tempo é essencialmente relativo — portanto, nunca igual para todos — e que um dia na prisão é como uma semana em liberdade.

Ociosidade

Na prisão há tempo para tudo. E o mais triste é que nela não há tempo para nada, ou melhor, no tempo interminável, nada se faz. O trabalho, além de ser o primeiro dever e um direito primordial do ser humano, é fonte fundamental para a valorização da pessoa, enquanto o ócio e vagabundagem o são do vício e da corrupção. O estado permanente de inatividade conduz ao embrutecimento e à mais deplorável deformação do indivíduo. Se a ociosidade é a mãe de todos os vícios, uma mãe fecunda de maldades é a prisão. É a oficina do diabo. A inatividade é justamente a situação da maioria dos presos que passa todo o dia de braços cruzados, sem nada fazer. A inatividade, tão perniciosa sempre, e ainda mais na prisão, é algo que não se pode admitir. Posso assegurar que não existe vontade política para abolir a ociosidade da população carcerária. Eis o que afirma Juan G., preso de Salamanca:

> Ninguém deve ficar na prisão sem nada fazer, e muito menos deixá-la sem um preparo profissional, cultural e moral adequados. Aquele que deixa a prisão está em piores condições do que ao ingressar nela.

Se tinha um emprego, o perdeu, se tinha uma formação profissional, desatualizou-se, e se dela carecia, não lha ofereceram. Perdeu inutilmente meses ou anos de vida. Onde está, pois, a reabilitação e a reinserção social?[24]

A ociosidade é o que existe de mais pernicioso na prisão. "Outro dano grave que existe nas prisões é a contínua e forçada ociosidade em que vivem os que nelas estão, com a qual têm mais tempo e possibilidade para se perverterem."[25] Essa é a razão porque a primeira preocupação dos penitenciaristas é a do trabalho prisional.

O trabalho sempre foi considerado como o germe mais fecundo da honradez, e o amor ao trabalho a virtude com que mais freqüentemente se afirmam as virtudes sociais. Fomentar o primeiro nos presídios e inculcar o segundo no ânimo dos presos é o complemento de tão saudável instituição.[26]

Os homens aprisionados sem ocupação constante se pervertem, se lhe torna odiosa a sociedade da qual está segregado, e deseja extinguir sua pena para com maior ódio vingar-se. Esta é uma verdade não ignorada pelo administrador de uma prisão.[27]

Nos últimos anos, aumentaram-se consideravelmente as planilhas dos funcionários das prisões. Admirável e justo, porém, o que não é louvável, é o fato de que estas planilhas não incluam presos, que talvez trabalhariam melhor que os funcionários da rua. Muitas atividades prisionais poderiam ser executadas pelos próprios presos.

Falta de comunicação

Dada a superlotação das prisões e a exigüidade de espaço, as comunicações entre o interior e o exterior são muito reduzidas. Existem periodicamente as visitas conjugais, e a política penitenciária mostra-se pródiga em conceder este benefício, contudo, as comunicações ainda são insuficientes. As relações familiares vivas e freqüentes são totalmente necessárias para manter no preso a ilusão e a esperança,

---

[24] JUAN, G. Las voces de los presos. *Corintios XIII*; revista de teología y pastoral de la caridad, nn. 27/28, p. 319, jul./dez. 1983.
[25] LARDIZÁBAL Y URIBE, M. *Discurso sobre las penas.* Madrid, [s.n.], 1967, p. 126.
[26] MONTESINOS, M. Informe presentado al Gobierno de la nación (1956). *Revista de Estudios Penitenciarios*, Madrid, n. 159, p. 258, 1962.
[27] Ibid., p. 303.

o desejo e o propósito de alimentar a ilusão da recuperação, de não desanimar apesar das dificuldades. Precisam também manter relações com outras pessoas do mundo exterior com as quais conviviam e com as quais voltarão um dia a conviver e se relacionar.

Sentido de justiça

Injustiças

O delinqüente poderá ter permanecido à margem das leis em sua vida pública, poderá mesmo ter violentado as normas da convivência cívica e os postulados mais elementares da justiça, contudo, não suporta que a justiça não seja praticada escrupulosamente na prisão. De igual maneira, que a injustiça seja cometida contra ele ou contra algum companheiro de prisão, ainda que este não pertença ao círculo de suas amizades carcerárias. Não o tolera. Os motins estalam com freqüência nas prisões, sendo a expressão do protesto contra as injustiças que, segundo eles, se cometem no mundo penitenciário.

Prisão preventiva

É decretada pela mesma administração da justiça. Quase a metade dos presos é provisória. A justiça é muito lenta, lentíssima. E uma justiça assim exaspera os ânimos. Uma justiça lenta é uma injustiça. "Se a prontidão em castigar torna a pena mais útil, também a torna mais justa."[28] Um encarcerado preventivo prolongado é já punitivo e, em certo sentido, exterminador, sendo que o presente culpado deve ser tratado como inocente enquanto a justiça não demonstre o contrário. E normalmente o provisório é tratado já como culpado. A prisão provisória deveria ser exceção e não regra. "A prisão provisória, que hoje, como regra geral, se aplica ao suspeito de ter ultrajado leis, deveria ser, e esperamos que assim o seja algum dia, uma exceção. Se fosse escrita a história das vítimas da prisão preventiva, nela seriam lidas as mais terríveis acusações contra a sociedade."[29]

Lentidão da justiça

Sem dúvida, os magistrados estão assoberbados de trabalho. Nem duvidamos da eficiência profissional dos juízes e magistrados. Mas

---

[28] LARDIZÁBAL Y URIBE, M., op. cit., p. 67.
[29] ARENAL, Concepción. *Estudios penitenciarios*. Madrid, Victoriano Suárez, 1895.

isso não impede que se diga que a justiça deve ser administrada com diligência, com a maior celeridade possível. Não se pode fechar os olhos para o assunto por comodidade. Cabe ao juiz perceber que por trás dos processos estão seres humanos, quase sempre encarcerados — já que a estes casos se dá prioridade —, que aguardam ansiosamente o julgamento. A parábola do Evangelho de Lucas (Lc 18,2-7) é talvez a crítica mais contundente feita por Cristo ao juiz indolente e despreocupado que adiava a sentença e não fazia justiça à pobre viúva impertinente.[30]

Aqui está a maldade da prisão, segundo Salillas:

A prisão, sendo inicialmente e a princípio boa, a tornaram má os guardas e seus hóspedes. A maldade da prisão tem início na lentidão, na incúria e abusos do regime processual, tanto que se disse: "Não são os doutores os charlatões, mas sim os processos e os tabeliães", e nas atribuições abusivas dos agentes penitenciários, sem falar das péssimas condições dos prédios.[31]

Eis o que dizia Beccaria: "Para que a pena não seja violenta contra o cidadão, deve ser pública, rápida, necessária, a mais breve possível nas atuais circunstâncias, proporcional aos delitos, ditada por leis".[32] Nesta mesma linha de pensamento fala Joaquín Ruiz-Jiménez: "Reformar as normas processuais para acelerar os julgamentos e para reduzir ao mínimo situações de prisão provisória e, portanto, a duração dos processos".[33]

Severidade das penas

A pena tarda a chegar, porém, quando chega o faz com excessiva severidade. Somente 7% dos presos consideram-se condenados com justiça. Os demais consideram as penas recebidas injustas ou ao menos excessivas, desproporcionais ao crime. Não se consideram inocentes, muito pelo contrário, consideram-se delinqüentes, porém,

---

[30] Cf. Martín Nieto, Evaristo. Justicia y jueces en la Biblia. *Revista de Estudios Penitenciarios*, Madrid, nn. 228/231, 1980.

[31] Salillas, Rafael, op. cit., pp. 383-384.

[32] Marqués de Beccaria. *Tratado de los delitos y de las penas*. Buenos Aires, Depalma, 1978.

[33] Ruiz-Jiménez, Joaquín; Cortpes J. Los derechos humanos del recluso y alternativas. *Corintios XIII*; revista de teología y pastoral de la caridad, n. 41, p. 207, jan./mar. 1987.

não tão delinqüentes para merecer tamanho castigo. Ante a pena inexorável não lhes resta outra solução senão acatá-la com resignação, cumpri-la com dignidade e encurtá-la o mais possível com seu trabalho e boa conduta prisional.

Indisciplina

A este mal generalizado deve-se acrescer a desordem. Nas prisões chegou-se a uma quebra da disciplina. Um ataque frontal nos últimos anos, ao que se considerava um autoritarismo excessivo, beirando ao despotismo, deu origem à lamentável conseqüência de falta de autoridade do funcionário e do devido respeito, ao mesmo por parte dos presos. Um equivoco e falso conceito de liberdades individuais — garantidas por um regime democrático — desembocaram numa libertinagem perniciosa e agressiva. E sem normas de disciplina, rigorosamente obedecidas pelo preso, qualquer processo educativo e formativo torna-se impossível. A ordem, a disciplina, a obediência ao regimento disciplinar do estabelecimento penal num clima de seriedade, de responsabilidade, de serenidade, de calma e sossego, são imprescindíveis para o desenvolvimento de qualquer ação eficaz e duradoura. "Se em qualquer agrupamento humano são necessárias ordem e disciplina, podemos imaginar quanto o serão nos estabelecimentos penais, onde estão indivíduos desordenados e indisciplinados da sociedade."[34]

Trata-se de obter um hábito de retidão e honradez, e nada como a disciplina para dominar as vontades. Uma disciplina firme e exigente, contudo, inteligente e amorosamente aplicada, sem provocar nos presos estados de excitação, exasperação, tensão e rebeldia. A autoridade deve ser exercida pelos funcionários e acatada pelos presos. Exigir disciplina e manter a ordem não deve significar um endurecimento e uma repressão, mas sim criar um clima de paz, de harmonia, de convivência pacífica numa comunidade.

Segurança

Não existe nenhum motivo que justifique o endurecimento do trato por parte dos funcionários nem para recorrer a medidas regimentares e de segurança que necessariamente levam a um distanciamento funesto entre os educadores e os educandos, que atenta diretamente ao mesmo motivo de ser e de continuar, que

---

[34] CUELLO CALÓN, Eugenio, op. cit., p. 453.

faz fracassar os objetivos fundamentais do tratamento. Trabalhar nas prisões comporta alguns riscos, pois nos relacionamos com pessoas conflituosas. Isso é do conhecimento de todos que trabalham nesse ambiente. Esses riscos devem ser assumidos, não podendo ser evitados com medidas que anulem o processo reabilitador. Sem essa disposição é preferível que procuremos outro emprego; não exijamos medidas de segurança para nós mesmos, em detrimento dos direitos dos internos, tornando a prisão mais desumana e repressiva. Procuremos criar uma atmosfera familiar e um sistema regimentar de tratamento que transformem as prisões em espaços mais acolhedores e humanos.

Os contrastes da prisão

Enfrentamentos

Uma das conseqüências mais graves de tudo quanto acabamos de falar são os enfrentamentos violentos, freqüentes nos últimos anos, que antes não ocorriam com tanta agressividade. Testemunhamos os motins, as contendas, os acertos de contas, o seqüestro de funcionários, os suicídios, os homicídios, os assassinatos. Incompreensível como membros de uma coletividade, de certo modo homogênea, que sofrem as mesmas desventuras, que compartilham os mesmos sofrimentos, que suportam o mesmo regime de vida, submetidos vinte e quatro horas por dia à mesma aflição, possam se enfrentar. Só existe uma explicação: essa coletividade sente-se injustiçada, maltratada, e não podendo enfrentar-se com os poderes que a reprimem, tem que explodir rebelando-se contra si mesma, expressando assim, de forma ilógica, sua raiva e sua indignação incontidas. Isso é o que penso, e é a única explicação que me oferecem os presos. Vale a sentença: "Uma alma nobre é incapaz de encontrar sossego sem liberdade".[35]

Problemas psicológicos

O encarceramento pesa como uma laje insuportável. Não raro produz a síndrome de claustrofobia. Facilmente também se cai no pessimismo, na depressão, na indiferença total. Nessas circunstâncias, é preciso buscar na vida três coisas: amor, humor e valor. Jamais deixar apagar-se a chama viva da esperança. Uma vida em que a es-

---

[35] BARBOUR, John. ORGANIZAÇÃO DAS NAÇÕES UNIDAS, op. cit., p. 149.

perança desapareceu, na qual não se abriga nenhuma ilusão, ainda que diminuta, é melhor não vivê-la. Não raro isso ocorre na prisão, onde há internos aos quais a vida nada mais importa, aos quais tanto faz viver como morrer, para os quais a morte é considerada um lucro.

"As depressões, os ataques incontidos de agressividade e violência e a falta de esperança explicam as rebeliões. Então, resta o privar-se da vida pelo embotamento, atirar-se do alto"[36] ou cortar-se as veias.

Sentir-se aprisionado, envolvido pelos conflitos da prisão, desencadeia os piores instintos do ser humano: "O acúmulo de tensão, o aborrecimento e a falta de atrativos, induzem buscar algo que supra essas carências, ao mesmo tempo, provocam estados de ânimo irritáveis, depressivos ou mesclam uma série de reações inconscientes de agressividade e desinteresse".[37]

Celas de castigo

Contribui para exacerbar os espíritos a aplicação de castigos severos, como a reclusão em celas de castigos (surdas), que supõe uma prisão redobrada, "uma prisão dentro da prisão".[38] Ao que já está entre grades se o encarcera ainda mais, como se fosse uma fera do zoológico carcerário. Castigo que evidentemente se deve abolir. Assim o pediram, em 1986, os participantes do I Congresso Nacional de Pastoral Carcerária, pois "a prisão deve servir para vigiar os presos e não para criar inimigos, nem outro mal, nem aumentar-lhes a pena"[39]; "a prisão servirá para vigiar e manter em segurança os seres humanos e não para castigá-los".[40] Ao que sofre não se lhe deve fazer sofrer mais. Insuportável sofrimento é já por si só a prisão. "A perda absoluta de liberdade já é suficiente martírio para que necessite agravar sua condição de escravo com penalidades que, não contribuindo para uma aprendizagem frutuosa, endurecem o coração com inesquecíveis ressentimentos."[41] "A incomunicação absoluta e perpétua

---

[36] BUCHANAN, Gene. *Zoos humanos.* Madrid, Maisal, 1973, p. 245.
[37] NÚÑEZ, C.; GONZÁLEZ, J. *Los presos.* Barcelona, Dopesa, 1977, p. 70.
[38] LURRA. *Rebelión en las cárceles.* Donostia, Hordago, 1978, p. 74.
[39] ALFONSO X EL SABIO. *Las partidas.* lib. 11, tít. 29, parte 7, ley 8.
[40] "Cancer enim ad continendos homines, non ad puniendos" (Ulpiano).
[41] CERDÁN DE TALLADA, Tomás, op. cit., p. 34.

adotada como pena é um princípio seguro de desmoralização, porque seu fim será sempre a loucura e o suicídio."[42] É claro que a reclusão em celas de castigo não supõe uma incomunicação absoluta e perpétua; não é perpétua, é apenas temporal, porém, quase absoluta. Impressiona a leitura do testemunho de um preso que sofreu essa terrível experiência por longo tempo:

> Muitas vezes me pergunto se sou um homem ou animal, pois não pode imaginar o que é viver meses numa cela, saindo somente meia hora por dia para um breve passeio, que consiste em dar voltas num pátio sem falar uma palavra sequer... Dir-me-ás que deve haver disciplina, porém, eu também te digo se é possível que uma pessoa fique meses e meses numa cela, sem falar; é de enlouquecer. Eu, que sempre sorria quando estava livre, sou agora um indivíduo frio, indiferente à vida, porque não imaginas como trabalha o cérebro e como modifica o caráter nesta casa onde se encerra a juventude para castigar suas faltas.[43]

Conheço presos que ficaram "meses e meses" nessas celas de castigo e acabaram muito mal, como era de se esperar. O castigo, além de ineficaz, é nocivo e leva a resultados contrários ao pretendido:

> O mais ineficaz de todos os recursos num estabelecimento penal, o mais pernicioso também e o mais funesto são os castigos corporais. Máxima que deve ser constante e geral nas prisões é a de não aviltar mais os que já chegam maltratados [...], porque os maus-tratos mais irritam que corrigem, destruindo as últimas esperanças de moralização.[44]

O castigo jamais pode significar o atoleiro onde se destrói a moral do preso. A Pastoral Carcerária deve zelar para que esses seres humanos duplamente encarcerados sejam objeto de consolo, sabendo que toda a equipe da pastoral está com ele, castigada com ele, sofrendo com ele, compartilhando de suas penas e sofrimentos.

Nessas situações, o preso tem uma imperiosa necessidade psicológica de comunicar-se abertamente com alguém que seja compre-

---

[42] MONTESINOS, M. Informe presentado al Gobierno de la nación (1956), op. cit., p. 220.
[43] CHOISY, Maryse. El amor en las prisiones. Barcelona, Bauzá, 1931.
[44] MONTESINOS, M. Reflexiones sobre la organización del presidio de Valencia (1846). Revista de Estudios Penitenciarios, Madrid, n. 159, p. 253, 1962.

ensivo. E ninguém melhor que o agente da pastoral que chega de fora, que respira ares novos de liberdade, que é portador de carinho, gerador de esperança, semeador de utopias, de otimismo e de alegria. Cabe mostrar-lhe que a vida é linda, que Deus no-la deu para que a vivamos em plenitude, apesar dos sofrimentos, das provas que devemos suportar com fé e sem desânimo, pois sempre depois das tempestades surge no céu o arco-íris; que, diante das dificuldades, é preciso crescer e não se prostrar; suportar o temporal e sair das provas com novas energias, com uma vida mais enriquecida e vigorosa e mais enriquecedora para os outros.

Doentes mentais

A porcentagem de doentes mentais nas prisões é alta. Aí estão devido a circuitos nos cabos da mente. Ainda que não seja este o lugar a eles destinado — pois é o sanatório psiquiátrico —, de fato ali estão. Para eles, é preciso conseguir que a prisão se pareça o mais possível com o sanatório. E isso significa muitas coisas: que os funcionários tenham clara consciência dessa realidade, procurando despojar-se de seu caráter de guardas, para tornarem-se exímios conhecedores das técnicas terapêuticas; que os agentes da pastoral lhes ofereça uma assistência religiosa específica, destinando para isso pessoas que tenham um tato e uma sensibilidade especiais para tratar desses irmãos, que reclamam constantemente comunicação e carinho. O mais apropriado seria que a equipe da pastoral tivesse entre seus membros algum psicólogo ou psiquiatra. É preciso abrir canais de comunicação, carinho, afeto e compreensão. E estes canais não podem ser outros que a comunidade cristã da prisão, que os acolhe e os incorpora aos vínculos de união fraterna. Essa acolhida fraterna no seio da família crente e praticante da prisão será, sem dúvida, um lenitivo para sua desorientada vida e um conforto para seu espírito perturbado.

Solidariedade carcerária

A prisão é lugar de grandes contrastes. Ao lado de confrontos violentos, encontramos atitudes de solidariedade e coleguismo, atos heróicos de caridade cristã. Há quem pense e diga dos presos: "essas vítimas da pena não sabem o que é carinho. São feras. Nada mais que feras, que pariu uma loba numa noite tormentosa. Não têm entranhas e nem sentimentos".[45] Mas a realidade é absoluta-

---

[45] SALVADOR, Tomás. *Cabo de vara*. Barcelona, Destino, 1965, p. 122.

mente outra: "Esses homens, os presos, têm sentimentos humanos como tu e como eu, talvez melhores. Muitos, talvez a metade, estão aí por querer demasiadamente"[46]. Cinquanta por cento dos delitos punidos têm como causa última o amor. Quem da sociedade livre é capaz de assim pensar e crer? E esse amor à esposa, à noiva, aos filhos, aos entes queridos, que os levou ao crime, continua existindo na prisão.

A ajuda de que necessitam e que não lhes oferecem os de fora, encontram nos companheiros de infortúnio, porque tampouco a encontram nos funcionários, salvo honrosas e louváveis exceções. Há presos que dão tudo e se dão totalmente para ajudar o companheiro necessitado; presos que se acusam de faltas graves para livrar de uma sanção disciplinar o companheiro que carece de trabalho e boa conduta para obter benefícios; presos, portanto, equiparáveis — *mutatis mutandi* — ao frei franciscano São Maximiliano Kolbe, preso no campo de concentração de Auschwitz, que se ofereceu em lugar de um pai de família, para morrer; presos que são capazes de ficar dia e noite na estreita cela em companhia do companheiro em fase terminal de AIDS, dando-lhe alento e prodigalizando-lhe carinho até o último instante de sua vida, exemplo evangélico vivo para as próprias famílias e para tantos cristãos praticantes de ritos e cultos, mas pouco praticantes da mensagem evangélica.

"Por detrás destas grades vi atos de caridade de que talvez nós não fôssemos capazes."[47] Quisera ter essa edificante generosidade, que existe entre os presos, para nós que nos proclamamos publicamente seguidores e defensores do Evangelho. Isso se dá entre eles, os "maus", os mais pobres entre os pobres. Só os que têm passado fome sabem repartir seu pedaço de pão com o faminto. Ninguém compreende melhor os presos do que aquele que está também entre as grades. A Pastoral Carcerária deve promover o coleguismo, a solidariedade, a aproximação entre a população presa.

Responsabilidade e co-gestão

Inúmeros problemas carcerários seriam equacionados se fosse oferecido aos presos mais protagonismo, se lhes fosse atribuída maior responsabilidade. O tratamento penitenciário — que discutiremos adiante — visa capacitar o preso a ganhar a vida honradamente em liberdade, tendo uma conduta de conformidade com as normas da convivência social.

---

[46] Ibid., p. 123.
[47] CHOISY, Maryse, op. cit., p. 11.

A Lei Geral Penitenciária diz que o preso deve participar das "atividades ou responsabilidades de ordem educativa, recreativa, religiosa, laboral, cultural e esportiva" (art. 24.1),* da organização do trabalho (art. 31.2), assim como da planificação e execução do tratamento (art. 61.1). Essa participação deve contar com a presença ativa do preso nas respectivas equipes, o que seria uma maneira eficaz de se adquirir responsabilidade, além de se tratar de um direito que lhe confere a lei.

Nas juntas de regime e administração, que regulam todas as atividades do centro, deveria existir também uma representação da população carcerária, com voz e voto. Foi o que se solicitou nas conclusões do I Congresso Nacional da Pastoral Carcerária. "Pedimos às instituições carcerárias que nas juntas de regime haja uma representação, com voz e voto, da população presa, e que esta representação seja eleita democraticamente pelos presos."[48]

Agora que se realizam experiências novas, como na prisão mista de Alcalá-Meco, dever-se-ia, com muito mais razão, pôr-se em prática a criação de um centro piloto no qual a direção e a administração fossem regidas pelos próprios presos, auxiliados, assistidos e controlados por um quadro de conselheiros. Ninguém melhor que eles conhecem os problemas da prisão, pois são os que a sofrem e os que melhor sabem das soluções possíveis. Faz-se necessária a cogestão dos presos no funcionamento do estabelecimento mediante a presença ativa dos órgãos colegiados da mesma. O exercício de comando deve ser compartilhado com os subordinados, com os que devem refletir conjuntamente num clima de amizade e coleguismo, de família penitenciária, pois há decisões que devem ser assumidas familiarmente.

Presos que merecem especial atenção

No interior do universo carcerário há alguns setores que merecem especial atenção por parte da instituição e também por parte da Pastoral Carcerária.

---

* A LEP brasileira, em seu art. 41, prevê como direitos do preso: "VI – exercícios das atividades profissionais, intelectuais, artísticas e desportivas anteriores, desde que compatíveis com a execução da pena". (N.T.)
[48] *Corintios XIII*; revista de teología y pastoral de la caridad, n. 41, jan./mar. 1987.

Os jovens

Aproximadamente 70% do universo carcerário é constituído de jovens de menos de trinta anos. Estes jovens são um desafio e uma acusação à Igreja. Por muitas razões, os jovens devem ser parcela preferida da Pastoral Carcerária. Trata-se de jovens pertencentes às classes mais desfavorecidas que lutam para sobreviver, que vivem sem esperança, com grandes complexos de inferioridade, indiferentes à fé, descontentes com a religião e com a mensagem cristã. A maioria, depois da primeira comunhão, não participou mais de encontros da Igreja. Jovens que se sentem deslocados num mundo construído pelos adultos, e no qual não encontram lugar. Como vão inserir-se na comunidade eclesial, quando estão excluídos da comunidade humana? A imagem que eles têm da Igreja é a que transmitem os meios de comunicação: uma instituição freqüentemente ridicularizada, apresentada como defasada e rica, preconizadora de uma moral rígida e triste. E a própria Igreja não se tem preocupado suficientemente deste mundo marginalizado, tranqüilizando-se em ter um capelão na prisão.

Os jovens querem uma Igreja autêntica, amiga dos pobres, comprometida com os marginalizados; uma Igreja que seja sacramento de libertação. Constatamos o impacto que o Evangelho produz nesses jovens presos que simpatizam facilmente com Jesus, atento a todos os desamparos e desventuras humanas, acolhendo os pobres, os marginais, os pecadores, não condenando ninguém e abrindo para todos um novo espaço de liberdade.

Muitos desses jovens são primários, entram na prisão pela primeira vez. Sua conduta pauta-se por experiências naturais na juventude; seus comportamentos são de pessoas imaturas e em período de formação. A tragédia reside em que estes jovens não podem exercer na prisão o direito elementar de não saírem pior que entraram. Mais de 50% desses jovens recolhidos são reincidentes.

Os drogados

Se há um lugar onde não deveriam estar os drogados é exatamente a prisão. Seu lugar é um centro terapêutico que não tenha caráter carcerário. O drogado, ainda que tenha cometido muitos crimes, não é um delinqüente, é um doente, e como tal deve receber tratamento. Se tivesse recursos suficientes para atender às exigências da enfermidade à qual está preso, não perpetraria nenhum crime.

O drogado não se considera delinqüente. Praticou o ato delitivo contra a sua própria vontade, sentindo-se irresistivelmente forçado a ele pelo estado de ansiedade que sofre. Sente-se excluído, incompreendido e rejeitado, quando ele se considera, e certamente o é, uma boa pessoa; a desgraça pessoal na qual caiu não é devidamente compreendida e compartida; sente-se mergulhado em sua própria tragédia, vivida solitariamente.

A esse irmão, rejeitado pela sociedade e pelos seus próprios familiares que perderam a paciência, dando-lhe mil provas de amor sem conseguir nada dele, é preciso mostrar-lhe que não está só, que o povo de Deus, que é a Igreja, está com ele para sofrer com ele, partilhar de sua desgraça, ajudá-lo em tudo. Eles carecem de amor, de alguém que os ame e os compreenda realmente. Porque não são e nem querem ser delinqüentes. Um bom amigo, paciente e carinhoso, é o melhor instrumento para ajudá-los a sair do atoleiro em que se encontram. Se esse amigo também sabe presentear-lhes com a força libertadora do Evangelho, será uma alavanca duplamente válida para auxiliá-los na libertação do jugo escravizador da droga.

Os aidéticos

É muito alto o número de presos soropositivos, portadores do vírus da AIDS. Tampouco é a prisão o lugar para aqueles nos quais a enfermidade se desenvolveu de tal forma que o desenlace fatal é já inevitável. Felizmente, assim o entende a administração, que oferece medidas de liberdade condicional ou internamento em hospitais comuns.

O relacionamento com esses irmãos deve reger-se por critérios humanos e evangélicos. Nas prisões fazem-se campanhas para que se tomem as devidas medidas sanitárias e profiláticas. E isso se deve fazer com muito cuidado e rigor. Critica-se o fazer campanhas para marginalizar mais ainda o que já está marginalizado. Como se devessem ser tratados como leprosos de Antigüidade, segregados da vida social, anunciando eles mesmos aos gritos sua doença. Nós que optamos por esse trabalho nas prisões, deixando de lado o egoísmo e os interesses pessoais, devemos estar mais preocupados com aqueles a cujo serviço estamos por imperativos de nossa profissão e vocação. Assumimos esses riscos para não humilhar aqueles cuja custódia nos afeta.

Os agentes da Pastoral Carcerária devem considerar que numa coletividade de preferidos do Senhor, esses irmãos, pela dupla desventura que padecem, a prisão e a enfermidade, são por Deus, e devem sê-lo por nós também, os duplamente preferidos e a quem devemos assistir até o final sem o menor escrúpulo e com o maior carinho.

Os estrangeiros

Estar preso num país estranho representa um duplo isolamento. Para o estrangeiro o tempo previsto na sentença torna-se mais dilatado, pois de fato, ainda que não de direito, encontra dificuldades para desfrutar certos benefícios penitenciários, como as saídas temporárias, o livramento condicional. A pastoral deverá ter um cuidado especial para que esses presos não sejam discriminados nos benefícios penitenciários referidos e na própria progressão do regime. Sem apoio familiar e social, a ajuda que poderemos prestar é oferecer garantias, quando o caso o mereça e a prudência e generosidade o aconselhem, com nossa palavra, conforme a burocracia o exija. Já no século XVI Cerdán de Tallada constatava que "ordinariamente chegam às prisões homens pobres e miseráveis que, sendo estrangeiros, não têm parentes nem amigos que os visitem nem tratem de seus interesses nem defendam os seus direitos".[49] Há voluntários cristãos que abonam com sua assinatura ante os juízes de vigilância a autorização para saídas, que os acolhem em suas próprias famílias, que lhes proporcionam uma residência onde poderão albergar-se temporariamente, que lhes oferecem recursos necessários para poder ajuntar-se aos seus um dia.

Condenados a longas penas

Uma permanência muito prolongada na prisão pode marcar para sempre o preso, traumatizá-lo para o resto da vida. Tudo se deve envidar para que isso não aconteça, proporcionando-lhe uma atividade espiritual, conseguindo que alimente esperanças, mostrando-lhe que a situação que enfrenta é temporária e passageira, que terminará um dia e que precisa preparar-se para retornar à normalidade.

Os mais pobres

É grande a gama de pobreza nas prisões. Entre os pobres há classes mais pobres, pobres em todos os sentidos, os que nada têm, os que

---

[49] CERDÁN DE TALLADA, Tomás, op. cit., p. 68.

não redimem a pena pelo trabalho, os que não recebem visitas de ninguém, os que estão completamente sós são os mais desamparados, pois o estão de corpo e alma, dignos, portanto, de maior interesse.

As mulheres

Uma breve menção às mulheres presas. A privação da liberdade as afeta muito mais que aos homens, sendo os malefícios bem maiores.

A mulher encarcerada constitui um mundo especialíssimo, que considero mais difícil e miserável que o dos homens. Uma mulher privada da liberdade, privada de tudo aquilo que constitui a característica da vida feminina, torna-se infinitamente mais desequilibrada que o homem.[50]

A Pastoral Carcerária deverá ter uma programação diferenciada para os estabelecimentos penais femininos.

 **Textos**

"A maioria dos presos vive na ociosidade e passa o tempo sem ter com que se ocupar... O ócio forçoso da população penal é um manancial de desgostos, um elemento de preocupação permanente, uma fonte de discórdia e princípio de abusos. A falta de trabalho enerva a massa dos presos, convertendo-a num estopim de todo tipo de desordens... Os que tinham uma profissão esquecem-na, os que não tinham não aprendem nenhuma, e todos voltam à liberdade, sem ocupação e sem pecúlio algum, quando mais necessitam dele para evitar a reincidência. O trabalho fortifica e regenera, e a ociosidade debilita e avilta. Em parte alguma, como na prisão, evidencia-se a incontestável verdade desses princípios." (Fernando Cadalso, *Estudios penitenciarios* [Estudos carcerários], v. 1. Madrid, Góngora, 1893, p. 74.)

"Jamais esquecendo que o objeto da sanção penal é a moralização de uns e o salutar castigo de todos, procurei extinguir a qualquer preço o funesto gérmen da ociosidade, inspirando-lhes amor ao trabalho e procurando arraigar sempre mais este sentimento em seus corações...; intentei criar oficinas, utilizando a aptidão e a instrução dos próprios presos. Mais de quarenta são as diferentes atividades criadas neste estabelecimento." (M. Montesinos,

---

[50] Choisy, Maryse, op. cit., p. 41.

Reflexiones sobre la organización del presidio de Valencia (1846) [Reflexões sobre a organização do presídio de Valência (1846)], *Revista de Estudios Penitenciarios*, Madrid, n. 159, p. 253, 1962.)

"A vida penitenciária não pode desenvolver-se de modo normal e o fim do tratamento penitenciário não pode ser alcançado sem a estrita observância das regras do estabelecimento. Quando por debilidade dos elementos diretivos ou por influência ou ordens superiores provenientes de oportunismos políticos — nem sempre respeitáveis — sua observância se debilita, sobrevêm a indisciplina, a desordem, todo tipo de excessos; e esses males produzem-se também quando a disciplina é por demais rígida e severa." (Eugenio Cuello Calón, *La moderna penología*. [A moderna penologia], Barcelona, Bosch, 1973, p. 453.)

"Tanto mais justa e útil será a pena quanto mais próxima do ato delito. Digo mais justa porque evita no réu os inúteis tormentos da incerteza, que crescem com o vigor da imaginação e com o princípio da própria fraqueza... A prontidão das penas é mais útil, porque quanto menor a distância de tempo que separa a pena do delito tanto mais forte e durável no ânimo a associação dessas duas idéias, *delito* e *pena*; de tal modo que se considera uma a causa da outra." (Marqués de Beccaria, *Tratado de los delitos y las penas* [Tratado dos delitos e das penas], Buenos Aires, Depalma, 1978, pp. 99-101.)

"Em todos os países e tempos em que se têm usado castigos cruéis, têm se experimentado os mais atrozes e desumanos crimes. E isso por uma razão muito simples: enquanto se aumenta a crueldade dos castigos se endurecem os ânimos dos homens; chegam a familiarizar-se com eles e, com o passar do tempo, já não impressionam o suficiente para reprimir os impulsos e a força sempre viva das paixões." (M. Lardizábal y Uribe, *Discurso sobre las penas*. [Discurso sobre as penas], Madrid, [s.n.],1967, p. 71.)

"Existem razões poderosas que explicam a freqüência dos transtornos psíquicos dos presos. Em primeiro lugar, a circunstância da qualidade psicológica de grande número de tarados, personalidades psicopáticas, deficientes mentais, histéricos, amorais congênitos etc. Em segundo lugar, o ambiente carcerário, saturado de circunstâncias que predispõem ao desencadeamento daquelas, como o isolamento prolongado, a imobilidade relativa, a supressão brusca de hábitos ou costumes arraigados, os incômodos lógicos que impõem o regime penitenciário, a angústia motivada pela incerteza do futuro dos entes queridos e o afastamento dos mesmos, a solidão do preso na cela [...]" (J. Chamorro Piñero, La psicosis de prisión [A psicose de prisão], *Revista de Estudios Penitenciarios*, Madrid, n. 87, p. 33, jun. 1952.)

"Numerosas pesquisas demonstraram os nocivos efeitos que, tanto de ordem biológica como psicológica e social, o internamento prolongado tem

sobre o indivíduo. Dentre os efeitos que a vida nas instituições totais provoca nos presos, conforme Goffman, destacamos: a) Desculturação, isto é, destreinamento, que o incapacita temporariamente a encarar certos aspectos da vida no exterior e obstaculiza sua posterior adaptação social; b) "Mortificação do ego": se o separa dos papéis do passado, se o submete a *teste* de obediência e a expressões verbais contínuas de submissão, se o priva de suas posses e objetos pessoais; c) Diminuição do repertório de comportamentos; d) A falta de oportunidade de relação heterossexual pode inspirar o temor de perder a virilidade; e) Violação constante da intimidade pessoal, que o obriga a um contato interpessoal forçado (sem poder estar só as vinte e quatro horas do dia) e que o submete a contínuas revistas sob pretexto de segurança... Porém, mais que o dano físico se constata o dano psíquico, produto do internamento: insônia, crises emotivas, transtornos neurovegetativos nos recém-chegados, casos de esquizofrenia, psicose precoce (sobretudo em delinqüentes primários). O isolamento prolongado desenvolve a introversão, a hipocondria e o egocentrismo. Muitos presos adotam atitudes infantis regressivas. O número de suicídios é importante e significativo: perda de toda esperança, situação pessoal ou familiar conflituosa, isolamento e ociosidade podem agrupar-se como desencadeantes."
(J. García García, La prisión [A prisão], *Escuela de Estudios Penitenciarios*; ayudantes 89: material didáctico para el período de prácticas, Ministerio de Justicia, Madrid, 1989.)

"Esquecidos de todos, apodrecemos e apodrecemos,
feridos o corpo e a alma,
e assim enferrujamos a corrente de ferro da vida
degredados e sós.
As leis eternas de Deus são blandiciosas
e rompem o coração de pedra.
E cada coração humano que se rompe na cela
ou no pátio da prisão
é como aquele frasco quebrado que deu seu tesouro ao Senhor
e encheu a impura casa do leproso
com a fragrância do mais apreciado perfume."
(Oscar Wilde, *Balada de la cárcel de Reading*,
Madrid, Espasa-Calpe,1959, pp. 29-30.)

"Entre os mais pobres de nossos pobres estão os presos. Pobres de tantas coisas e, sobretudo, pobres de liberdade e de oportunidades para sua vida. Uma pobreza que agrava até o dramatismo de todas as demais. São, portanto, "dos nossos", ainda que tenham uma fé deformada, ou não a tenham, ou não pisem em templos, e não participem de nenhuma atividade da Igreja.

São os queridos privilegiadamente de Jesus. E o são para nós, se queremos viver segundo o coração d'ele. Nossa Igreja deve assumir essa realidade e ser solidária à vossa presença e ação na prisão." (Teodoro Úbeda, bispo de Mallorca, *A los sacerdotes y voluntarios que trabajan al servicio de los hermanos presos en las carcéles de Ibiza, Menorca y Mallorca*, dez. 1989.)

Questionário

- Quantos presos têm trabalho remunerado na prisão?
- Que pode fazer a Pastoral Carcerária para oferecer trabalho e ocupação aos presos?
- Que vícios surgem na prisão como conseqüência da ociosidade prisional?
- Como pode ser utilizado o trabalho prisional pela Pastoral Carcerária?
- Que métodos deve utilizar a Pastoral Carcerária para robustecer a vontade e aumentar a responsabilidade dos presos?
- A Pastoral Carcerária tem a participação dos presos na sua programação?
- Como deve ser a obediência ao regimento disciplinar penitenciário? Uma obediência cega?
- Que faz a Pastoral Carcerária para que seja uma obediência responsável e livre?
- Que determinações e bons ofícios deve utilizar a Pastoral Carcerária para que a autoridade dos funcionários e a disciplina da prisão estejam perfeitamente harmonizadas com o exercício do livre-arbítrio e a autodeterminação dos presos?
- Como equilibrar a inviolabilidade do regime disciplinar com a liberdade dos que estão submetidos a seu cumprimento, já que sem o exercício da própria vontade não pode ocorrer o desenvolvimento religioso da pessoa?
- Que espécie de castigos existem no estabelecimento?
- A Pastoral Carcerária faz o devido esforço para que no estabelecimento se exerça mais o perdão do que o castigo?
- Como a Pastoral Carcerária assiste os submetidos aos castigos?

- Quantos presos condenados e quantos provisórios tem o estabelecimento?
- Refletir juntos sobre a parábola do juiz indolente (Lc 18,2-7) e tirar conclusões oportunas para a atuação dos agentes da pastoral ante os juízes e magistrados.
- Há no estabelecimento algum preso que sofre de depressões e estados de ânimo que o situa nos limites do desespero? Que faz por ele a Pastoral Carcerária?
- Que faz a Pastoral Carcerária para que os presos estrangeiros usufruam dos mesmos benefícios que os presos brasileiros?
- Refletir sobre a carta de São Paulo aos Colossenses (Cl 1,24; 3; 4) na qual São Paulo, da prisão, considera que seus sofrimentos são para ele uma participação na redenção de Cristo.
- Como fazer com que os presos vejam que seus sofrimentos completam o que falta à paixão de Cristo?
- Há algum preso com AIDS? Como o atende a Pastoral Carcerária?
- Que pastoral se faz com os drogados?

2. Os funcionários

Qualidades do funcionário

Missão fundamental

A missão do funcionário é orientada para um processo de reeducação e de reinserção social.[51] Tarefa árdua e difícil este duplo objetivo, da responsabilidade de todo funcionário que trabalha com encarcerados. Esse pessoal dos centros penitenciários deve ser competente, seguro e equilibrado. Sua missão requer maturidade como requisito primordial. Deve ter capacidade e empatia afetiva, sensibilidade de adesão ao grupo social a ele confiado, compreensão de seus problemas; para assim ser, deve viver e conviver com o preso, isto é, sofrer a prisão. Somente assim e com exemplaridade no cumprimento de seu dever poderá estabelecer com o preso relações respeitosas e cordiais necessárias para realizar com eficácia sua missão de orientador e de educador social.

---

[51] Cf. Constituição espanhola, art. 25.2, e Lei Orgânica Geral Penitenciária, art. 1.

Vocação

O funcionário de prisões deverá passar por uma seleção, demonstrando ter uma vocação comprovada.* Irá trabalhar com pessoas, não com papéis. E com seres humanos perturbados, inquietos, vítimas de grandes problemáticas, dominados por profundos sentimentos. Sem uma esmerada seleção poderá causar sérios problemas ao preso, para si mesmo e para a própria família. "O profissional das prisões não será alguém à procura de um emprego. Para a tarefa de corrigir seres humanos e enfrentar perigos, sofrer dissabores e experimentar desgostos precisa sentir-se chamado, sentir ânimo para superar uma vida de duras provas."[52]

A motivação primordial deve estear-se na gratuidade e generosidade, em fazer o bem aos outros, no caso, aos encarcerados. Ter o estilo de vida dos filhos de São João de Deus e das filhas de Teresa de Calcutá, que fazem um quarto voto, o de serviço, pronunciado de coração no desvelo pelos pobres. Do contrário, torna-se impossível um desempenho positivo no processo reabilitador, vindo este a se caracterizar como negativo e prejudicial.

A Pastoral Carcerária também está a serviço dos funcionários para alentá-los na sua vocação penitenciária; recuperá-la, se a perderem; criá-la, se nunca a tiveram. Porque essa vocação é tão nobre quanto a do sacerdote, do professor e do médico. Exercer essa profissão sem vocação é um desastre.

O funcionário prisional será um aficionado de suas tarefas, trabalhando com prazer. Precisará de ajuda para manter-se fiel à sua opção, apesar dos parcos frutos colhidos, e para que não esqueça que os presos são seres humanos, irmãos, aos quais atenderá e servirá, não por mera obrigação e por justiça, mas por solidariedade, dedicação e caridade. A Pastoral Carcerária visará a uma dupla finalidade na prestação dessa ajuda aos funcionários:

1) Conscientizá-los do seu dever profissional. De maneira informal, mas constante, oferecer lições de deontologia a todos quantos trabalham na prisão, mas isentos de qualquer paternalismo, com sabedoria e com prudência, sem pretensão de mestres. Ensinar-lhes

---

* LEP, art. 77: "A escolha do pessoal administrativo, especializado, de instrução técnica e de vigilância atenderá a vocação, preparação profissional e antecedentes pessoais do candidato". (N.T.)
[52] RODRÍGUEZ MARTINEZ, M. La capacidad del personal para el régimen penitenciario. *Revista de Estudios Penitenciarios*, Madrid, n. 37, p. 5, abr. 1948.

mais com o exemplo, pois careceriam de autoridade para auxiliá-los. Cristo primeiro fazia e depois dizia.

2) Batalhar para criar na prisão uma atmosfera de família entre funcionários e presos, onde se respire amor mútuo, onde os presos são os membros mais fracos e os funcionários os irmãos maiores, prontos a ajudar os menores; estamos na prisão para servir, e não ser servidos. As relações com os presos desenvolvem-se não num clima de tecnicismo, frieza e distanciamento, mas num clima humano, dialogante, de cordialidade e confiança.

Profissionalismo

Caracterize-se o funcionário como um profissional capacitado e suficientemente preparado. A politização carrega consigo, lamentavelmente, o despreparo e a improvisação. Cabides de emprego político. E isso é muito grave e comprometedor. A atenção deve-se voltar para o preso e não para a política. Fora da prisão, cada qual com sua individualidade e sua bagagem, porém, na prisão, trabalha-se em equipe, numa interdisciplinaridade. O tratamento penitenciário é um processo de grupo ou estará comprometido. E a realidade nos mostra que esses grupos inexistem na prisão. A politização, os sindicalismos e outras organizações, frutos sazonados da democracia, presenciaram-se de tal forma nas prisões que têm destruído a união e a amizade que existia entre funcionários, inviabilizando qualquer trabalho de conjunto. Conseguiram levar os autênticos profissionais ao esquecimento e ao abstencionismo, com prejuízo para a instituição e para os presos. Uma instituição desfalcada de profissionais com espírito de equipe e solidários está irremediavelmente fadada ao fracasso, comprometendo-se, outrossim, as reformas tão necessárias quanto urgentes.

Formação

É falha a formação dos funcionários penitenciários.* A preocupação deve voltar-se não para a construção de novos estabelecimentos penais de máxima segurança ou para o aumento do número de funcionários e agentes de segurança penitenciária, ainda que ambos sejam necessários, mas para a seleção e formação dos funcionários, cuja missão fundamental é de serem bons educadores. O educador

---

* No Brasil, poucas unidades federadas contam com Escolas de Serviço Penitenciário para o preparo profissional dos funcionários da instituição penal, destacando-se as do Rio Grande do Sul, São Paulo e Minas Gerais. (N.T.)

penitenciário não se forma com brevíssimo curso ministrado pela Escola de Estudos Penitenciários. A Escola deverá proceder a uma esmerada e rigorosa seleção. De qualquer forma, torna-se imprescindível um acompanhamento de desempenho, através de reciclagens constantes, oferecendo assim formação permanente. Trata-se de formação não quantitativa mas qualitativa. Visa-se preparar profissionais para ajudar, educar, reabilitar; e para isso deve-se requisitar funcionários com sensibilidade e qualidades humanas.

Colaboradores de Deus

Quando o funcionário exerce sua autoridade sobre os presos, faz isso em nome do Estado, da sociedade e de Deus, pois, em última instância, toda autoridade vem de Deus. São assim, representantes de Deus e da comunidade, depositários de um poder delegado, cujo constitutivo essencial é de caráter temporal e espiritual. No poder e no exercício profissional são colaboradores de Deus numa missão educadora e numa ação caritativa e fraterna à qual se devem dedicar com generosidade.

Função merecida

Esta autoridade, divina e humana ao mesmo tempo, que adquire legitimidade pela contratação oficial pelos poderes constituídos da administração, não se consegue em plenitude de valores por essa contratação nem pela categoria da função encomendada; consegue-se mais pelas próprias virtudes. O funcionário deve valorizar-se, conhecer-se com precisão, saber avaliar suas próprias forças, o grau de sua generosidade que permita viver em constante renúncia junto à sociedade carcerária, pois o que busca e aceita essa função carrega em sua consciência a responsabilidade do grupo de presos sob a sua tutela.

Prudência

Ser um homem de mente lúcida, visão aberta, sabedoria prática, é o que caracteriza o funcionário penitenciário. Santa Teresa preferia aconselhar-se junto a um "letrado" que junto a um "santo", pois se o santo é parvo, por muito santo que seja dará conselhos que não passam de pura pieguice, enquanto o letrado, ainda que não seja santo, saberá aconselhar sabiamente. O funcionário penitenciário deve ser um mestre na arte de aconselhar, pois praticamente este é o centro de gravidade de sua função: saber oferecer bons conselhos; ser um homem ponderado e reflexivo. Eis o que caracteriza a prudência do funcionário penal. O que "aqui e agora" é o mais aconselhável, o que em cada momento deve-se ordenar e fazer.

Flexibilidade

Quando o cumprimento do dever exigir correção e mesmo castigo, a decisão final passará por uma profunda ponderação e reflexão conveniente. Sob o impulso de autoritarismo nada deveria ser resolvido. Deves-se irmanar a fortaleza na decisão com a suavidade dos métodos. Ser flexível, ponderando as opiniões alheias. Jamais agir sob o impulso da raiva. Num estado emocional é péssimo momento para tomar decisões. Seja o funcionário um constante modelo de honradez e honestidade.

Paciência

Paciência infinita a de Deus conosco, que, apesar dos nossos bons propósitos, voltamos aos nossos erros. "Deus compassivo e misericordioso, lento para cólera, rico em bondade e em fidelidade, que conserva sua graça até mil gerações, que perdoa a iniqüidade" (Ex 34,6-7). A paciência de Deus não é debilidade nem fraqueza; é um chamado paciente à conversão. Paciência é sinônimo de longanimidade e de generosidade, e vincula-se à tolerância. A longanimidade é a virtude dos que sabem esperar, e a paciência, a virtude dos que sabem superar as dificuldades e as provas.

O funcionário penal considera as deficiências e as limitações humanas, e diante delas adota uma atitude não de irritação ou incompreensão, mas de amor e compreensão. Paciência com os que, ante os sofrimentos e provas da prisão, têm também que ser pacientes na espera de tantas coisas que nunca chegam. Em face dos presos, que não raro os irritam porque eles por sua vez estão também irritados — com razão ou sem ela —, recordemos que "vale mais um homem paciente que um herói" (Pr 16,32), "suportemos os outros com caridade, humildade, mansidão e paciência" (Ef 4,2). Acolhamos o preso uma e mil vezes e façamos-lhe um ou mil favores, sem nunca nos cansarmos.

Humildade nas ordens

A humildade é fonte inexaurível de poder. O soberbo é um ser repugnante, desprezível, inapto para a função penitenciária. O funcionário em atitude de serviço será admirado pelos presos. Está para dirigir, proteger, ordenar; porém, para mandar o que mais convém aos subordinados, não o que ele quer nem o que a eles agrade ou deixe de agradar; o exercício de poder deve ser de alguma forma compartilhado com os subalternos, aos que devem ouvir em diálogo enriquecedor, com os que se deve refletir juntos. Cristo, por quem vivemos, em quem estamos, por quem somos e por quem continuamos sendo, o primeiro de todos, fez-se o servidor de todos.

Não é a importância do mando o que torna grande quem manda, mas a arte de saber mandar. Saber mandar é saber ensinar. O funcionário, ainda que o não pretenda, ainda que nem sequer o imagina, está sentado na cátedra dando lições de conduta. Os olhos dos presos o observam. Diz o coronel Montesinos a respeito: "Não duvido que em todas as profissões há indivíduos de capacidade, disposição e virtude, porém, para se mandar em presídios necessita-se de fibra, ter aprendido a mandar obedecendo, conhecer a disciplina e o mecanismo interior de um corpo".[53]

Generosidade e amor

Ser generoso e exercer a autoridade com otimismo e com simpatia, com alegria e com carinho, com bom humor, eis o apanágio do funcionário. Jamais com amargura, com ódio, com desgosto, sempre com boas maneiras. Mais predisposto ao sim do que ao não, a conceder que negar. A concessão compromete o bom comportamento, a negação provoca a má conduta. Saber perdoar e ser indulgente. O perdão é sinal de fortaleza e de poder, o castigo é de debilidade, além de ser também nocivo e pernicioso. Tornar-se-á assim estimado pelos presos, do contrário nada poderá fazer. Na carência de amor não progredirá a obra transformadora que a prisão exige. Um funcionário poderá fazer-se respeitar, fazer-se temer, conseguir o mais rigoroso e estrito cumprimento do regime disciplinar penitenciário; porém, se não se faz amar, não será apto para a função específica, pois se falta o amor não se concretiza a obra de educação eficaz e duradoura.

---

[53] MONTESINOS, M. Informe presentado al Gobierno de la nación. *Revista de Estudios Penitenciarios*, Madrid, n. 145, mar./abr. 1960.

Caráter humano e cristão

Homens de fé

Carecemos de homens de fé para a missão penitenciária. Fé no preso, fé na sua recuperação, fé em sua palavra e suas atitudes; não ser um descrente e desconfiado do preso. Crer na sinceridade do seu arrependimento, dar crédito a seus propósitos de mudança e de perfeição. Todo delinqüente é recuperável. "Não há incorrigíveis mas *incorrigidos*" (Concepción Arenal). "O amor leva o preso a confiar em seu superior ou chefe, e também que os funcionários confiem nos reformandos, e esta confiança é, sem dúvida, um requisito imprescindível para o trabalho reeducador dos presos."[54]

Fé no sistema penitenciário; fé na reforma, a qual ainda que programada de cima, terá que ser feita a partir de baixo, desde as bases; fé nos instrumentos e nos métodos de trabalho proporcionados pelas ciências do comportamento e pelas normas regimentais. "O funcionário da prisão é o agente mais eficaz."[55]

Com essa crença teremos muitos revezes, contudo, mais vale essa crença que a desconfiança. Sem mútua confiança entre o educador e educando não há educação possível.

Fé nos próprios fracassos, pois eles nos ensinam o que não se pode aprender em longas horas de estudo. Os fracassos não podem gerar a tibieza e o desânimo, como se tudo estivesse perdido, como se todo o esforço fosse inútil, como se na prisão nada se pudesse empreender.

Fé na força do espírito, que vem do alto e que pode transformar qualquer indivíduo.

Em dezessete anos de magistério na Escola de Estudos Penitenciários, pude comprovar a fé imensa que as diversas promoções de funcionários, manifestavam em sua profissão penitenciária, na tarefa reformadora que iriam empreender nos centros penitenciários. Mas, ao mesmo tempo, lamentavelmente, percebi como esta fé se apequenava no contato com as realidades carcerárias. Naturalmente, havia honrosas exceções.

---

[54] LÓPEZ RIOCEREZO, J. M. La selección y formación del personal penitenciario. *Revista de Estudios Penitenciarios*, Madrid, n. 145, mar./abr. 1960.

[55] Ibid.

Sem essa fé e dominados pelo desânimo e cepticismo, nada resta a fazer; a prisão continuará a ser um lugar de retenção e vigilância, porém, não será nunca um lugar de reeducação e reinserção.

Tarefa gratificante

Nem sempre a missão do funcionário é ingrata, prenhe de dificuldades. Ela também apresenta gratificações e satisfações. Há muitas incompreensões, muitos aborrecimentos, mas também muitas compensações e recompensas espirituais. Acredito que são poucas as profissões que proporcionem ocasiões de se fazer o bem como a do funcionário de prisões. Os presos sofrem múltiplas carências, necessitam de ajudas as mais diversas, estão continuamente pedindo favores. É natural que o necessitado peça remédio para suas necessidades; poder suprir essas necessidades, desfrutar ocasiões de prestar favores é um privilégio que, exercido com solidariedade humana e com amor cristão, proporciona gratificações impensadas.

Servir

Dupla é a missão do funcionário e de difícil concretização:

1) Exigir o cumprimento da pena cominada nos termos emanados e de acordo com a norma regimentar do estabelecimento penal. Trata-se de um ofício primordial que não se pode deixar de cumprir, ainda que ele comporte a tomada de medidas antipáticas, incompreendidas e contestadas pelos presos.

2. Estar a serviço do preso, ajudando-o na execução da pena, confortando-o em seus sofrimentos, acompanhando-o em seu infortúnio. Cabe ao funcionário uma atitude humana e sensível às desventuras e aflições dos presos.

Eis o que disse um preso:

> Pedimos funcionários que *funcionem e sirvam*, compassivos, conhecedores do intenso drama que vive e sofre o material humano com o qual diariamente deve contatar; fazer de seu trabalho um verdadeiro apostolado, parafraseando sempre o bom samaritano do Evangelho que derrama na escondida chaga o vinho que reconforta e o azeite que sara.[56]

---

[56] E. M. Castillo Cicare, preso de Sevilla. *Corintios XIII*; revista de teología y pastoral de la caridad, nn. 27/28, p. 321, jul./dez. 1983.

Trabalho de equipe

A tarefa é interdisciplinar; desenvolvem, em grupo, um trabalho ressocializante e assistencial. Trata-se de um conjunto de profissionais unidos e compenetrados que trabalha na consecução dos mesmos fins; fins que não se atingem se cada um trabalhar por própria conta, isoladamente, se não o fizer em grupo, em conexão e coordenação com os demais. Estão todos na mesma barca, na qual toda a tripulação deve estar de acordo para poder chegar ao porto desejado, evitando toda desconfiança mútua, toda inimizade e todo enfrentamento. O diretor da prisão, como o grande timoneiro, será o aglutinante. Aquele que deve obter um clima de cordialidade, de amizade corporativa e de mútua confiança entre todos que atuam na prisão que ele dirige e da qual ele é o responsável. Os agentes de Pastoral Carcerária podem contribuir para manter e fomentar essas relações entre todo o pessoal do estabelecimento, oferecendo prodigamente a todos amizade sincera e lealdade inquebrantável, espargindo amor para produzir amor.

Critérios de ação

Justiça

A justiça será a norma primeira do funcionário, a qual não pode quebrar-se nunca, nem por interesses pessoais, nem por aceitação de pessoas, nem por debilidade de caráter. Um funcionário injusto poderá chegar a ser um funcionário respeitado, porém, com freqüência, será odiado e nunca amado. Estaria fora de lugar um funcionário desses.

Correção

O tratamento envolve a correção e a retribuição. O tratamento baseado na punição, mais que reformador, é deformador. O sistema de correção é inquestionável e foi consagrado pelas etapas educadoras de todos os tempos e espaços. Não há outra alternativa válida. A educação da liberdade só se processa com correção. E esta não dispensa a sabedoria nem a prudência como meio para tornar ao bom caminho, porque "discurso inoportuno é como música em velório" (Eclo 22,6). Será só uma condenação do passado, um entrave oposto ao crime e ao mau comportamento e um chamado à conversão. "Corrigir sem exasperar, castigar sem aviltar, constitui a doutrina de nossos sistemas penitenciários."[57] Quem corrige se identifica de tal maneira com o corrigido, que sentirá como própria a dor da correção.

Retribuição

A reeducação do preso está vinculada, por um lado, a uma promessa e, por outro, a uma retribuição, algo que se dará por justiça. Prometer é palavra-chave na linguagem da educação. A promessa requer do preso adesão de coração e a confiança nos planos traçados. Prometer, sem decepcionar. A promessa sob condição é algo que se retribui quando a condição se cumpre. O comportamento do ser humano, mesmo do ser humano religioso, baseia-se numa retribuição prospectiva. O princípio da retribuição é considerado no regimento disciplinar penitenciário. Assim, uma obra má exige uma correção, as boas merecem um salário; o bom comportamento terá a recompensa merecida, pois do contrário se reforça a crença, tantas vezes divulgada na prisão, de que é o mesmo comportar-se bem como portar-se mal e de que os que pior se portam são os que mais exigem e os que mais conseguem.

Tanto os funcionários como as juntas de regime e de tratamento* devem primar pela generosidade para conceder benefícios penitenciários aos presos, pois isso desarma os espíritos e alimenta uma mística de esperança, de superação no bom comportamento.

Espírito e letra dos regimentos

As relações interpessoais de todos os membros da família penitenciária devem ser amistosas, sem se ater rigorosamente ao regimento disciplinar. Ultrapassar o que diz a liberdade da norma para chegar ao espírito da mesma. Em outras palavras, o regimento deve ser interpretado e administrado com flexibilidade, com o objetivo de conseguir os melhores resultados possíveis. Um regimento aplicado ao pé da letra torna-se asfixiante, intolerante, ineficaz, contraproducente, infrutífero e destrutivo.

---

[57] Montesinos, M. Informe presentado al Gobierno de la nación, op. cit., p. 290.

* Pela LEP brasileira, a CTC (Comissão Técnica de Classificação), art. 6º: "A classificação será feita por Comissão Técnica de Classificação que elaborará o programa individualizador e acompanhará a execução das penas privativas de liberdade e restritivas de direitos, devendo propor, à autoridade competente, as progressões e regressões dos regimes, bem como as conversões". (N.T.)

Atentar para o espírito do legislador e procurar que o regimento se cumpra no que ele apresenta de mais positivo do que negativo. O negativo destrói e deforma, o positivo alenta e estimula.

Vigiar

Outra difícil função dos agentes de segurança penitenciária: vigiar, exercer a missão de atalaia, de sentinela da prisão para informar o que percebe; não como mero narrador, mas como intérprete objetivo, pois essa informação constitui a base para elaboração do diagnóstico e prognóstico do tratamento. Assim como ele é objeto de observação constante dos presos, assim também observará os presos. Ser guarda e vigilante de homens é observar; mas também admoestar, educar o homem vigiado e observado. Para observar precisa ver e tratar com o observado. Contudo, no cotidiano, não se vigia e nem se observa as galerias e, portanto, não se cumpre uma obrigação elementar, constitutiva para as demais funções.

Custodiar

Ainda que pareça estranho, os presos devem ser para os funcionários algo como a pérola preciosa do Evangelho, guardada com esmero. Trabalhar com seres humanos e com pessoas cheias de problemas é imensamente superior a trabalhar com papéis ou com a natureza morta. Nas prisões parece ouvir-se incessantemente as palavras do salmista: "Guarda-me como a pupila dos olhos, protege-me à sombra das tuas asas, diante dos ímpios que me oprimem, dos inimigos que me rodeiam com furor" (Sl 17,8-9). O funcionário deve ter sempre abertos os ouvidos da alma para escutar este pedido e proteger melhor a quantos nas prisões se encontram em perigo.

As chaves da prisão

Nas mãos dos funcionários estão as chaves de portas, grades e portões. São os encarregados de abrir e fechar. A imagem do carcereiro, com as clássicas insígnias de chaves e correntes, é uma impressionante, terrível e, ao mesmo tempo, majestosa dignidade; com ela a Bíblia apresenta o próprio Deus convertido no carcereiro dos poderes satânicos do mal. Na linguagem bíblica, "ter as chaves" é grande dignidade e distinção. "As chaves da casa de Davi" é um título messiânico com o qual se quer significar que "quando ele (o Messias) abrir, ninguém poderá fechar, quando fechar, ninguém poderá abrir" (Is 22,22). As chaves do Reino, conferidas ao primado da Igreja, simbolizam o poder supremo de jurisdição e magistério. É uma grande responsabilidade e honra ser depositário das chaves da prisão. Guardar as chaves, abrir e fechar com solicitude e simpatia, e não com tédio e fastio, dirigir uma palavra educada e educadora ou, ao menos, um olhar de carinho a todos os presos que entram e saem, é a melhor maneira de ser um bom porteiro. E custa tão pouco!

Guias de presos

Acompanhar os presos nas idas e vindas é outra missão dos funcionários. Pensem no simbolismo transcendente desta função quando a estiverem exercendo. Assemelham-se aos irmãos mais velhos ensinando os mais jovens a andar, aos pais que ensinam aos filhos o reto caminho da vida. Exercem função de pedagogo, de guia do homem desorientado. Esse trabalho é propriedade de homens superiores. Neles se concretiza o provérbio bíblico: "O justo conduz o amigo" (Pr 12,26); e este outro também: "Pode um cego guiar outro cego? Não cairão os dois no buraco?" (Lc 6,39).

Recontagem e revistas

A recontagem, as revistas são funções importantes do funcionário. São realizadas cotidianamente não apenas com a preocupação de que não haja fugas, conflitos, porque, ainda que não haja nem fugas nem conflitos, pode haver problemas mais graves, que é preciso prevenir e tratar de equacionar. Contar, recontar, inspecionar. Fazê-lo com solicitude maternal para ter certeza de que todos estão, de que a ninguém aconteceu absolutamente nada, e tudo está em ordem no estabelecimento. Recontar um pouco ao estilo do bom pastor de que nos fala Cristo (Jo 10), que conhece todas e cada uma das ovelhas e que, ao cair da tarde, ao entrar no redil, vai contando uma a uma, e na falta de alguma, sabe qual é e sai em busca da mesma, com a única idéia de resgatá-la dos possíveis perigos que a cercam. Deve-se fazer as revistas com delicadeza e com o maior respeito e dignidade da pessoa, sem humilhar ainda mais quem já se sente humilhado. "Quando um juiz condena à privação de liberdade por tempo determinado, não está condenando à humilhação e ao escárnio."[58]

---

[58] Lower, Thomas. *Los castigos en las cárceles*. Barcelona, Vergi, 1978, p. 92.

O tratamento

Que é o tratamento

Hoje, podemos assegurar que a única razão de ser das instituições penais é o tratamento; e é o que felizmente prima, ao menos no discurso, na política penitenciária. "O título III da Lei Geral Penitenciária, dedicado ao tratamento, representa, científica e sistematicamente, um dos maiores acertos do presente texto orgânico, ao mesmo tempo que uma das sua inovações mais transcendentes [...] É o título de maior alcance da lei."[59] "À semelhança do tratamento médico, que aproveita a forçosa permanência dos enfermos nos hospitais para tentar a cura de suas enfermidades físicas, o tratamento penitenciário aproveita a permanência dos presos nas prisões para oferecer-lhes oportunidade de cura das suas seqüelas morais."[60] "Se a sociedade oferece a quem necessita de formação profissional, psicoterapia, assistência psiquiátrica ou terapia social, não existe razão para negar ao preso tais meios."[61]

O tratamento é a oportunidade de formação necessária oferecida ao preso para que possa e queira ganhar honradamente a vida em liberdade. Capacitá-lo para que possa ter uma conduta honrada, ajustada à ordem jurídica e de acordo com as normas gerais da convivência cívica. Isso exige um aperfeiçoamento das faculdades humanas e um robustecimento da vontade para abraçar com decisão esse modo de vida. Libertar o preso das múltiplas escravidões que o mantém subjugado. Redimi-lo, resgatá-lo, salvá-lo.

A quem oferecê-lo

O tratamento deve ser oferecido a todos os presos que necessitem dele, sem limitação alguma de ordem jurídica ou penal. Não se pode marginalizar a quem já está marginalizado. Não cabe diferenciar os condenados dos provisórios. Tampouco selecionar os com penas breves e penas longas. Admite-se unicamente uma distinção

---

[59] GARCÍA VALDÉS, Carlos. *Comentario a la Ley General Penitenciaria*. Madrid, Civitas, 1980, p. 153.

[60] BUENO ARÚS, Francisco. *El sistema penitenciario español*. Madrid, Publicaciones Españolas, 1971, p. 4.

[61] ID. *Estudios penales y penitenciarios*. Madrid, Instituto de Criminología de la Universidad Complutense, 1981, p. 201.

para a programação do tratamento, nunca pelo tratamento em si. Por que para alguns e não a outros? Ao que dele necessita, oferecê-lo. Tampouco se pode obrigá-lo ou sujeitá-lo ao tratamento. A mudança perseguida pelo tratamento é obra da vontade, pois se trata de uma conversão, e a conversão não necessariamente requer o transcurso de determinado tempo. Todos os presos têm direito ao tratamento, e os que necessitam dele têm obrigação moral de a ele sujeitar-se. Os interesses gerais da comunidade social exigem que todo cidadão aprenda a viver e a conviver como determinam os cânones sociais. O tratamento deve ser oferecido desde o primeiro instante em que o preso pisa na prisão, e só deve durar até que se concretize a mudança, se é que chega a se realizar.

Onde se o oferece

O tratamento é oferecido em qualquer prisão. Terá maior êxito em estabelecimentos especiais, com meios e condições especiais. Melhores condições oferecem os regimes aberto ou semi-abertos. Esperar, porém, para o momento que o preso progrida para o regime aberto ou semi-aberto pode significar uma desculpa para justificar a comodidade e a negligência. Mas o tratamento também pode ser oferecido no regime fechado.

Como levá-lo a efeito

O primeiro passo é uma classificação clara, justa, precisa e exata. E fazê-la quanto antes, sem demora. Classificação isenta de rotina, de fórmulas estereotipadas ou estandardizadas, de maneira individual e profunda, nunca em série. Elaborar um diagnóstico e um prognóstico que permitam a programação do tratamento. A individualização da pena, tão importante e transcendente, requer muita seriedade, muita dedicação e muito conhecimento. Tarefa dificílima, porém, aí está o mérito dos técnicos. Como as ciências do comportamento humano não são infalíveis, torna-se necessário uma atenção especial para a evolução da dinâmica do tratamento.

Fatores favoráveis

O *trabalho* é um direito e um dever, uma lei universal da qual estão excluídos apenas as crianças, os enfermos e os idosos. O preso é um cidadão que tem direito a que a instituição lhe proporcione trabalho devidamente remunerado. Assim o determina a Lei Geral

Penitenciária.[62] A ociosidade é considerada uma das principais causas da delinqüência: "As três fontes da criminalidade são a extrema riqueza, a miséria excessiva e a ociosidade" (Fauchet).

O trabalho terá um caráter de *formação profissional*, orientada pelos profissionais penitenciários. O trabalho físico harmoniza-se com o *trabalho intelectual*. Há muito tempo luto para que os centros penitenciários para jovens se convertam em colégios, o que não representaria maiores ônus e daria a esses jovens encarcerados a oportunidade de terem o ensino de nível secundário.

"O processo seguro, se não de extirpar o mal, ao menos de atenuá-lo no humanamente possível, é estancar as fontes mesmas de onde se origina, e isto é possível removendo-se os obstáculos que se opõem a toda obra social de redenção da juventude."[63] E uma dessas fontes é o analfabetismo: "Sabemos que uma das causas que levam um indivíduo ao crime é o analfabetismo. Nada mais justo, então, que, ao se pretender a reinserção social desses seres humanos, começar por eliminar uma das causas que os orientam para o crime".[64] Outra é a falta de educação: "Difícil, mas seguro meio de evitar os delitos é aperfeiçoar a educação".[65] Outra é a falta de conhecimentos: "A fim de modificar o preso é premente cultivar sua inteligência e ensinar-lhe tudo quanto seja possível" (Concepción Arenal). Ajudam também as atividades lúdicas e desportivas e a vinculação com a vida social livre.

Quem o realiza

Sem a colaboração de todos, as equipes técnicas nada farão. Todos os funcionários, assim como todos os voluntários sociais, devem sentir-se comprometidos com essa tarefa. Sem isso, o tratamento será efêmero. O tratamento é um trabalho conjunto de todos, em perfeita harmonia de fraternidade e de companheirismo. Isso exige que técnicos, principais comprometidos com o assunto, sejam os primeiros a dar o exemplo, tendo a humildade de aceitar a colaboração dos que mais diretamente tratam do preso.

---

[62] Lei Orgânica Geral Penitenciária, arts. 26-29.

[63] López Riocerezo, J. M. Angustiado problema jurídico moral. *Revista de Estudios Penitenciarios*, Madrid, n. 93, p. 17, dez. 1952.

[64] Bochanan, Gene, op. cit., pp. 88-89.

[65] Marqués de Beccaria, op. cit.

A Pastoral Carcerária tem muito a ver com o tratamento. Digamos por ora, que a *formação moral*, uma das áreas de atuação da pastoral, é absolutamente imprescindível e definitiva no tratamento.

Comportamento dos funcionários com os presos

Estive preso..., me perguntaste se vim por perversão, por drogadição, por briga...

... e me deste como único nome o número... da terceira galeria.

... e não te interessaste como eu estava, nem de que necessitava, nem quais eram meus problemas pessoais e familiares, nem em que podias me ajudar.

... e ouvi de tua boca: "Estás no lugar certo".

... queixei-me de angústia, protestei pelas injustiças, reclamei meus direitos, e me disseste que vivia me queixando sem nenhum motivo.

... e te ouvi dizer: "Já me aborreces, não mais eu te ouvirei, atendam-te os outros".

... sofrendo muito e a ti nada importava...

... tive sempre a sensação de que eu nada te importava.

... penso que deixarei a prisão sem que tenhas te preocupado o mínimo comigo.

Estive preso..., cheguei humilhado e com medo da prisão, e me acolheste com amabilidade, com carinho, sem perguntar-me nada do crime que cometi.

... e me chamaste por meu nome e perguntaste pelo meu estado de ânimo, e me animaste.

... e fui para ti alguém, uma pessoa humana sofrida, cheia de problemas, e não uma coisa, um objeto, um simples número, um ser desprezível.

... e vinhas cada manhã, sorridente me dizer: "Bom dia, jovem, ânimo e coragem".

... e aceitaste com paciência minhas impaciências, tu me davas esperanças nas minhas desesperanças, tratavas de ajudar-me sempre, e em ti sempre encontrei alívio para minhas penas.

... te sentavas comigo na cela, te interessavas por meus problemas, me perguntavas por minha família, eras sempre um amigo fiel.

... sofrendo muito e tu sofrias comigo, doía-te a minha dor.

... tive a certeza desde o primeiro momento de que tinhas um grande coração, e que minha dor e meus problemas muito te interessavam.

... sempre que vens me ver me dás o que mais necessito: escuta, compreensão, carinho...; me lembras o amor de Deus.

95

Muitos funcionários estão retratados na segunda coluna. Oxalá todos estivessem nela e nenhum na primeira. A vida do funcionário está eivada de sacrifícios e generosidades e a sociedade tem que reconhecer, com justiça, o trabalho abnegado que esses servidores realizam num ambiente tão complicado e tão difícil como é a prisão.

Textos

"O pessoal penitenciário deverá ser competente, dotado, e estar à altura de sua importante função, pois: 'o pessoal é tudo; o regimento disciplinar, nada'. Se para o desempenho eficaz de todo ministério necessita-se de vocação, em ninguém se requer tanto e tão especial como no de levantar o caído e redimir o culpado, não só pelo que concerne à pena, mas também pelo que respeita à sociedade, da qual o pessoal prisional, em sua esfera, é garantia e salvaguarda." (Fernando Cadalso, *Memoria presentada al I Congreso Penitenciario Internacional de Washington* [Memória apresentada no I Congresso Penitenciário Internacional de Washington], [S.l.], [s.n.], 1910, p.15.)

"Dizia Concepción Arenal que 'o pessoal é tudo; o regimento disciplinar, nada'. Isto é, para esta penitenciarista, antes dos sistemas convenientes para combater a delinqüência, está o pessoal encarregado de os aplicar. Faz-se mister dedicar especial atenção aos funcionários dos estabelecimentos penais para obter maior rendimento em benefício da sociedade. Quanto mais apurado o recrutamento, maiores as possibilidades de sua eficácia e maiores os êxitos a serem obtidos". (Lucas Sánchez, Funcionarios [Funcionários], *Revista de Estudios Penitenciarios*, Madrid, n. 62, p. 43, maio 1950.)

"O agente mais eficaz para se conseguir a reforma prisional é o funcionário da prisão. Nem os mais progressivos tratamentos nem os melhores estabelecimentos podem operar uma melhora do preso sem um pessoal à altura de sua missão. O pessoal, se o não é todo, o é quase todo. Os regimes penitenciários que marcaram uma etapa de progresso na execução da pena privativa de liberdade foram obra personalíssima de seus autores e executores, como o atestam os nomes Montesinos, Obemaier e Machonochie. Os penólogos modernos, que se deram conta da importância do pessoal na execução da pena, dedicam considerável atenção ao estudo de sua seleção e formação." (J. M. López Riocerezo, *La selección y formación del personal penitenciario* [A seleção e formação do funcionário da prisão], *Revista de Estudios Penitenciarios*, Madrid, n. 145, mar./abr. 1960.)

"Na fonte de mudança dos sistemas de execução de penas privativas de liberdade, a missão do funcionário penitenciário ocupa primeiríssimo lugar. A vigilância dos presos não pode continuar sendo a única finalidade dos funcionários de prisões modernas. A correção, a educação e a readaptação social, metas da moderna ciência penitenciária, são inatingíveis sem a presença de um pessoal capacitado; por mais evoluídos que sejam os programas de tratamento, por muito avançada que seja a arquitetura prisional, por muitos recursos econômicos que se lhe destinem, não se obterão êxitos reformadores nos presos senão se puder contar com um quadro de funcionários competentes que estejam imbuídos de sua alta missão social." (L. Garrido Guzmán, *Compendio de Ciencia Penitenciaria* [Compêndio de Ciência Penitenciária], Valencia, Universidad, 1976, p. 251.)

"A mulher funcionária deve ser dotada de enorme capacidade de paciência, mansidão, alegria e perseverança. É, como diz o nosso decálogo, 'o exemplo para a norma de conduta das presas', o espelho onde essas infelizes querem se espelhar. Não pode permitir-se, a funcionária, nenhum desânimo, nenhum cansaço, muito menos qualquer expressão de mau humor ou de contrariedade, porque sabe que estes repercutem no universo penal... Não pode esquecer que ela é e representa o antídoto, a suprema negação de tudo o que no momento ou antes de delinqüir a presa constituiu seu clima, sua moral, seu ambiente... Ao lado de uma culpa reconhecida aparece não uma mão fraterna, mas toda uma imagem real e verdadeira de outra mulher que compreende, que ajuda, que salva." (M. L. Aramburu, *La funcionaria de prisiones* [A funcionária de prisões], *Revista de Estudios Penitenciarios*, Madrid, n. 80, pp. 89-91, nov. 1951.)

"Que excelentes paixões se encontrariam nos presos, se relações fraternas as despertassem! O doutor Campbell, que passou como médico por trinta anos nas prisões inglesas, disse o seguinte: 'Tratando os presos com blandícia, com consideração, como se fossem damas delicadas, conseguíamos que reinasse sempre a mais completa ordem no hospital. Até os criminosos mais inveterados assombravam-me com os cuidados que prodigalizavam aos doentes.'" (P. Kropotkine, *Las prisiones* [As prisões], Valencia, Imprenta Unión Tipográfica, 1897, p. 27.)

Questionário

- Como são as relações do capelão com o quadro dos funcionários e com os órgãos colegiados da prisão?
- Cultiva neles a vocação penitenciária?
- Ajuda-os em tudo quanto necessitam?
- Que exemplo de religiosidade dão aos funcionários?
- Qual o índice de freqüência dos funcionários nos atos de culto?
- Há funcionários na equipe dos agentes da Pastoral Carcerária?
- Que tipo de relacionamento há entre os presos e os funcionários? É humano? É fraterno? É amistoso? É indiferente? É hostil?
- Os agentes de Pastoral Carcerária são espelho no qual os funcionários podem se observar?
- Os funcionários são o espelho no qual os presos podem se olhar?
- Há na prisão um clima de amizade e de família, um clima de amor e de mútua confiança entre os presos e os funcionários? A Pastoral Carcerária contribui para criar este clima?
- Que grau de conhecimento e de amor manifestam os funcionários acerca dos presos?
- Os agentes de Pastoral Carcerária conhecem e estimam os funcionários, são solidários com eles e cooperam na difícil tarefa educativa?
- As instituições penitenciárias selecionam e preparam devidamente os seus funcionários?
- Cumpre-se o que estabelece o título III das Lei Geral Penitenciária sobre o tratamento? Registra-se um tratamento na prisão? De que forma participa a Pastoral Carcerária deste tratamento?
- São valorizadas, nesse tratamento, as assistências moral e religiosa?
- Que faz a Pastoral Carcerária para obter, por seus próprios méritos, a estima dos presos e dos funcionários?

3. Os familiares dos presos

Pobres e marginalizados

Elevada porcentagem de presos procede de um ambiente familiar e social de pobreza e marginalização: famílias pobres, sem trabalho, conflituosas devido à penúria econômica; famílias onde são cotidianas as agressões entre pais e filhos; famílias de divorciados, alcoólatras etc. Freqüentemente o preso rompe com o vínculo familiar.

As famílias dos presos são as que mais sofrem as amargas conseqüências da prisão, mais do que o próprio preso. Quando o preso é chefe de família, perde-se a única fonte de subsistência. E como se trata de famílias pobres, a pobreza se acentua; pois segue-se levando as despesas com a alimentação e o vestuário, com o colégio dos filhos, com a guarda das crianças, com as contas de luz e água e, às vezes, até com o aluguel do barraco. Onde buscará a família esses recursos econômicos, difíceis de obter devido à falta de solidariedade humana? O serviço social faz quanto pode, porém não dispõe de recursos para cobrir tantas necessidades. A Pastoral Carcerária necessita de assistentes sociais, pessoas dinâmicas e bem relacionadas com organismos e instituições eclesiais e civis que disso se ocupem. Se essas famílias, em extremo estado de necessidade, não recebem ajuda, correm o risco de cair também elas nas redes da delinqüência.

Indiretamente, a prisão estende sua produção de delinqüência para além dos presos[...]; seus efeitos estendem-se a toda a família, cujos membros partem para a vadiagem, a esmola ou a pilhagem para safar-se da miséria, tornando-se potencialmente predispostos a um processo delitivo.[66]

Ambiente social

O aprisionamento de um membro da família representa para esta o início de um longo e doloroso calvário. Além da tragédia íntima que supõe a desestrutura familiar, também sofrerá a humilhação, o opróbrio e a execração do ambiente social no qual se encontra vinculada. Ambiente cruel e impiedoso, com suas críticas e murmurações. Da árvore caída todos fazem lenha. Ainda que não faltem pessoas caridosas de nobres sentimentos que se compade-

---

[66] IRAETA, Juan Ramón. *La cárcel*. Madrid, Mañana, 1977, p. 68.

cem da família e se dispõem a participar de sua dor e partilhar com ela também seus escassos bens, a regra geral é que a família sofre o abandono, o distanciamento e até mesmo a hostilidade; sente-se, e na verdade está, mais do que nunca sozinha. A Pastoral Carcerária tentará sanar essa situação, procurando acabar com esses preconceitos sociais:

> Acabemos com as penas como tais, com as censuras, com as críticas, com toda forma de sanção e de condenação, todas essas coisas que correspondem à desdita concepção retributiva...; substituamo-la pela proteção inteligente e fraterna, apoiada em idéias de concórdia e cooperação, não censurando nem condenando ninguém.[67]

"A comunidade cristã deve estar próxima dessas famílias."[68] "É preciso incrementar um movimento fraterno e solidário de toda a paróquia com todos os que sofrem na comunidade a tragédia da delinqüência e prisão."[69]

Ajuda moral e material

A Pastoral Carcerária deve atuar junto aos familiares do preso, o qual implora que ajudem os seus entes queridos mais que a ele mesmo. Porque, ainda que tenham sido causa ou favorecido o crime, geralmente são inocentes. "A família, quase sempre, é a vítima inocente dos crimes cometidos por alguns de seus integrantes."[70]

O encarceramento de um pai, esposo ou filho significa um enorme peso para a família e supõe um sofrimento de caráter psicológico, econômico e moral. A aproximação e a solidariedade, para com essas famílias, não parecem reduzir a atenção que se lhe possa dar. Mister se faz uma ação mais específica e que tenha lugar nas áreas de atuação da Pastoral Carcerária.[71]

---

[67] DORADO MONTERO, Pedro, op. cit., p. 90.
[68] PAGOLA ELORZA, José Antonio. La Iglesia diocesana y la prisión. *Corintios XIII*; revista de teología y pastoral de la caridad, n. 41, p. 139, jan./maio 1987.
[69] COMISIÓN EPISCOPAL DE PASTORAL SOCIAL. Las comunidades cristianas y las prisiones. *Cáritas*, n. 260, Supl. 116, dez. 1956.
[70] GONZÁLEZ MORAL, F. Reflexiones teológicas sobre las prisiones. *Corintios XIII*; revista de teología y pastoral de la caridad, nn. 27/28, p. 193, jul./dez. 1983.
[71] PAGOLA ELORZA, José Antonio, op. cit., p. 138.

Ao agente da pastoral cabe ajudar material e moralmente. A moral, infundindo ânimo, otimismo e esperança no abatimento de suas vidas, mostrando-lhes que a prisão de um ente querido não representa uma vergonha ou um opróbrio e menos ainda uma desgraça irreparável. Ninguém está imunizado contra um aprisionamento. Pessoas respeitadas e dignas passaram pela prisão no decorrer da história. Até Cristo passou por ela. Todos poderemos um dia dar com os ossos na prisão. Atrevo-me mesmo a dizer que muitos não foram dignos de merecê-la. Vamos ajudar-lhes a se libertar de todo complexo e equacionar todos os problemas surgidos no âmbito familiar, social, jurídico, econômico e religioso.

Manter a fidelidade

Um dos perigos da prisão é o rompimento com o vínculo familiar ou o seu enfraquecimento. E quando as penas são longas, este perigo torna-se uma realidade amarga e dolorosa. Há que se fazer o possível para contornar essa desgraça familiar. Mais do que nunca é importante a lealdade e a fidelidade máxima. Se o encarcerado é o cônjuge, é de capital importância esta fidelidade. Só imaginar que esta fidelidade possa soçobrar é para o preso mil vezes mais martirizante que a própria prisão. O encarceramento, mais que uma perigosa situação de rompimento com os vínculos de união, deve tornar-se ocasião para mais e mais os estreitar. Uma das duas ocorrerá fatalmente. Preferivelmente, que seja a última. Todos devem estar unidos em volta do preso, sobretudo os cônjuges, cujos corpos estarão agora mais distantes, porém, essa separação física será um poderoso incentivo para que suas almas estejam mais enlaçadas, mais identificadas; a dor compartilhada fará dos dois uma só pessoa dividida em suas metades perfeitamente sincronizadas. Assim, o que parecia uma desgraça pode tornar-se uma oportunidade sem par para reconquistar certas zonas do campo familiar, possivelmente perdidas ou a ponto de perder-se, e para consolidar ainda mais na família os fundamentos da convivência e do amor. Os presos externam que a primeira e principal ajuda para superar o trauma da prisão e para manter-se firmes no arrependimento e no propósito de emenda a encontram em sua família.

Discrição

O agente da Pastoral Carcerária deve estar sempre disponível para realizar entre o preso e sua família uma ação mediadora. Com prudência, com discrição e com delicadeza. Sem timidez, mas dentro do aconselhável pelo bom senso. Não importunar pessoas com uma ansiedade de querer ajudá-las, quando não o desejam ou esta ajuda representa humilhação ou constrangimento. Não abrir portas que devem permanecer fechadas nem penetrar nos arcanos da consciência de ninguém. Só percorrer caminhos permitidos ou que o código de ética no-lo permita. Haverá circunstâncias em que visitar a família de um preso pode ser contraproducente, pois dados os temores sociais existentes, esta visita pode ocasionar um grave dano. Haja discrição e máximo respeito às vidas alheias. E isto não significa um cerceamento à dedicação, à disponibilidade em ajudá-las e servi-las naquilo de que necessitem.

É um campo propício para uma mensagem evangélica a situação espiritual e psicológica da família do preso. Quando olvidada e preterida, abandonada ao seu próprio destino, menosprezada, sentir a seu lado a presença generosa e compassiva, cheia de compreensão e de carinho de um evangelizador é considerado como um dom inestimável, uma graça salvadora do Senhor. Aproveite-se este momento, não num afã de proselitismo nem numa atitude paternalista protetora, mas por caridade evangélica, por amor desprendido e desinteressado. Fazer o bem pelo próprio bem.

Batalha o apóstolo penitenciário numa parcela preferida da seara do Senhor; pôs Deus em suas mãos a evangelização de um mundo imenso, pois o campo das prisões, com todo o território humano que abarca, é ilimitado, preparado e disposto para receber a semente da Palavra e fazê-la produzir cem por um. Grave e, ao mesmo tempo, maravilhosa responsabilidade a de saber semear e cultivar essa semente em tão sofrido e privilegiado campo.

Textos

"Em sua relação com a delinqüência, o funcionamento familiar parece ser seu indicador muito mais relevante; a literatura, apoiando a importância estrutural e funcional da família, resulta obscurecida: fatores como a incomunicabilidade (Duncan, 1978; Milebamane 1975; Haddek e Sparakowki, 1982); separação e privação de amor por parte dos pais (Misra, 1977); confusão de valores na família (Jaffe, 1960); ambiente familiar desorganizado e distanciamento paterno (Reimanic, 1974); conflito familiar (Lowenstein, 1977); tempo disponível de conversação com os filhos (Salmick e Col., 1981).

Um dos eixos mais reveladores dessa situação pai/filhos, no que diz respeito à delinqüência, centra-se na supervisão familiar. Os pais que acompanham seus filhos minimizam sua possibilidade de delinqüir (Wilson, 1980). A sobrevivência correlaciona-se com uma preocupação global com a criança e com o seu funcionamento global familiar adequado." (Vicente Garrido Genovés, *Psicologia de la delincuencia* [Psicologia da delinqüência], Valencia, Nau libres,1986, pp. 147-148.)

"O delinqüente pode ter família honrada a quem aflige, família depravada, que, direta ou indiretamente, contribuiu para que delinqüisse... Há pais que com seus exemplos, com seus conselhos, com suas instigações pervertem seus filhos e os exploram utilizando os produtos do crime, de que moral ou materialmente são cúmplices... Por vezes, uma mulher perversa é uma mãe amável, e na atmosfera contaminada da maldade o amor maternal se conserva puro, como uma flor que cresce numa esterqueira. Se este amor vale para todos, quanto mais não valerá para o delinqüente que se sente desprezado e malvisto por todos, e cujos afetos, se os mantêm, têm que se refugiar na pessoa ou pessoas de sua família que o amem... Às vezes não existe, moralmente falando, a família; o vício e o crime a desintegram; os pais não sentem remorso de ter contribuído na perversão dos filhos, nem estes os acusam de ser a causa de sua perdição; julgam-se todos vencidos num combate que não podiam aceitar e depois do qual alguns são fugitivos e outros perderam a liberdade." (Concepción Arenal, *El visitador del preso* [O visitador do preso], Madrid, Victoriano Suárez, 1948, pp. 126-28.)

Questionário

- A Pastoral Carcerária está bem informada sobre o meio familiar do qual procedem os presos?
- Quantos e quais os presos podem ser considerados como vítimas da disfunção familiar? Que carências apresentam essas famílias? Que faz a Pastoral Carcerária para suprir essas deficiências?
- Quantos e quais presos vitimaram suas famílias? Que faz a Pastoral Carcerária para que o preso restabeleça relações com sua família e pense nas feridas que lhe ocasionou?
- Se o vínculo familiar do preso rompeu-se ou corre o perigo de romper-se, que deve fazer, como atuará a Pastoral Carcerária para reconstruí-lo ou evitar que se rompa?

- Quantos e quais os presos que não possuem família, estão abandonados por sua família ou não recebem visita familiar?
- Quantos e quais os presos jovens que fugiram de casa?
- Quantos e quais os que foram abandonados pelos pais?
- Que influência têm as amizades no comportamento do delinqüente?
- Quantos e quais pertencem a uma família pobre que necessita de ajuda material?
- Como a Pastoral Carcerária ajuda essas famílias na resolução de problemas de ordem econômica? Preocupa-se em arrecadar subsídios materiais nas instituições públicas, particulares e da Igreja? Arrecada também nas comunidades cristãs (paróquias) com o fim de pôr em prática a comunicação cristã de bens?
- Os presos recebem ajuda moral de suas famílias?
- A Pastoral Carcerária presta ajuda moral às famílias dos presos?
- Com que famílias, objetivamente, a Pastoral Carcerária mantém relacionamento?

4. A sociedade

A sociedade geradora de delinqüência

Mentalidade arcaica

Nossa sociedade mantém-se presa a uma mentalidade arcaica sobre o fato social da delinqüência e das prisões. Exige uma ação mais repressiva da polícia, aplicação de penas mais severas e maior dureza na execução das mesmas. Como se isso fosse o equacionamento para a eliminação da delinqüência, o restabelecimento da ordem perturbada, a dissuasão de condutas desviadas. Contudo, a história da criminalidade prova exatamente o contrário. Com essas ideologias chega-se a efeitos mais perniciosos: a delinqüência cresce. A solução está no combate às causas da mesma. "A sociedade deve enfrentar o problema da delinqüência e a situação atual da prisão não sob os aspectos jurídico-penais e de segurança social, mas a partir das causas que a geram, a partir das soluções que se deverá dar e aplicar, a partir das pessoas que a praticam e sofrem com isto."[72]

---

[72] COMISIÓN EPISCOPAL DE PASTORAL SOCIAL. Las comunidades cristianas y las prisiones V, 2.

Falta de solidariedade

A falta de solidariedade humana é uma realidade contrastante. Cada um por si. O egoísmo é terminal: o outro não existe, nem o lado de fora. Se o outro está aprisionado, não o será à toa. Que pague o que deve. O que importa é que nos deixem em paz, que nos deixem viver tranqüilamente, que se garanta a segurança do cidadão e que cada qual agarre o que é seu. Esse brutal distanciamento social é a expressão mais lamentável da falta de solidariedade e do egoísmo; mentalidade antievangélica, pois isolar o que sofre, o preso, é como abandonar o que proclama o Evangelho, Jesus Cristo.

Injustiça social

Nossa sociedade é geradora de delinqüência. O preso delinqüiu a partir do que a sociedade lhe ofereceu: consumismo, droga, desemprego, exploração de menores, falta de cultura. Numa única palavra: injustiça social. Enquanto não se destruam as estruturas de injustiça na qual a sociedade está instalada, não acabaremos com a delinqüência.[73]

O avanço na construção de uma sociedade mais justa, na qual as desigualdades sociais diminuam ou desapareçam, na qual as arbitrariedades sociais não tenham lugar e na qual as leis promovam a liberdade e assegurem os direitos dos indivíduos e dos grupos marginalizados, constituirá uma parcial, porém, importante solução dos problemas penais e penitenciários desta sociedade.[74]

As desigualdades sociais, econômicas e culturais tornam-se uma escandalosa realidade. "Onde não há empregos e nem serviços sociais e culturais, o crime se converterá no mais triste e perigoso emprego."[75] Brilha por sua ausência a igualdade de oportunidades. O apóstolo penitenciário é um acérrimo fustigador dessas injustiças, pois se há algo clarividente na Bíblia é que o Reino de Deus, que Cristo veio estabelecer definitivamente na terra, se baseia na justiça, na fraternidade e na liberdade. Quando um crime é perpetrado, a sociedade deve pensar, devemos todos pensar, que todos nós temos nossa parcela de culpa neste crime.

---

[73] Cf. ibid., III, 1.1.
[74] Lurra, op. cit., p. 213.
[75] Comisión Episcopal de Pastoral Social. Las comunidades cristianas y las prisiones III, 1.1.

Estruturas de pecado

A delinqüência é um altissonante protesto contra as estruturas de pecado. "A decisão [dos jovens] pelo ato delitivo é a manifestação de seu mal-estar interior contra uma sociedade injusta",[76] que lhes nega algum direito. O aumento da criminalidade não se deve à impunidade, mas sim à falta de justiça em todas as esferas e níveis. Cabe à Pastoral Carcerária a grave tarefa de recordar à sociedade a urgente necessidade de corrigir seus comportamentos criminógenos. Urge à sociedade uma mudança radical na maneira de pensar, de sentir e de reagir ante o fato delitivo, do qual ela tem grande parcela de responsabilidade.

Contravalores

Na sociedade, cultua-se contravalores desencadeantes da criminalidade: a instabilidade da família. A família, célula *mater* da sociedade humana, onde se aprendem os primeiros hábitos de comportamento social que perdurarão ao longo da vida, sofre uma profunda crise.[77] A supervalorização do ter, o desejo insaciável de riquezas e posses, como se o êxito radicasse no ter mais do que no ser; a falta de moralidade pública nas instituições sociais, em organizações que buscam unicamente a ganância; os negócios injustos e fraudulentos, o abuso de poder, a corrupção pública, o materialismo puro. "Todas essas causas influem e geram potencialmente atos delitivos."[78]

Geradora de delinqüentes

Não insinuamos a exoneração da responsabilidade do delinqüente por seus atos. Queremos dizer duas coisas: 1) os delinqüentes não nasceram delinqüentes, ainda que dando por supostos os condicionamentos hereditários e os comportamentos resultantes dos fatores endógenos; 2) são fruto da sociedade.[79]

Que dizer do jovem privado de recursos econômicos para viver dignamente, privado do acesso à cultura e a uma profissão, recusado no emprego, sentindo-se privado de tudo quando outros têm de tudo? Tomás Moro, dirigindo-se à sociedade inglesa do século XVI, dizia:

---

[76] Ibid.
[77] Ibid., III, 1.4.
[78] Ibid., III, 2.
[79] Ibid., III, 1.1.

> Horríveis castigos reservam-se aos ladrões, quando muito antes não foram tomadas medidas preventivas que lhes proporcionassem ganhar o necessário para viver, sem levá-los ao extremo de primeiro roubar e depois morrer [...] A pobreza os obrigou a ser ladrões [...] E pergunto: Que fazeis senão criar ladrões e logo castigá-los?.[80]

Repete-se em nossa sociedade: criar delinqüentes para depois marginalizá-los e castigá-los; obrigar a roubar para crucificá-lo por ter roubado.

Os meios de comunicação

É potente o poder de persuasão dos meios de comunicação na opinião pública. É o quarto poder. Gravíssima responsabilidade. Cabe à Pastoral Carcerária contatá-los para conseguir: que informem objetivamente sobre a criminalidade e as prisões, sem minimizar, mas também sem glorificar artificialmente ambas; que se informem com clareza sobre o que se passa nas prisões, como se vive nelas, através dos que nelas vivem e dos que as conhecem por uma longa folha de serviço e de experiência, e não através dos que esporadicamente entram nelas ou as conhecem superficialmente e alimentam um irreflexo e desmedido desejo de notoriedade; que evitem o sensacionalismo e a demagogia; que tratem de igual forma os ricos e os pobres, os poderosos e os fracos; que alijem da informação toda idéia política e tenham presente o que diz Santo Armero, preso de Cádiz:

> A sociedade está desinformada sobre o que acontece nas prisões. Os meios de comunicação social têm grande culpa. Deveriam informar mais e melhor. Terão observado nas páginas dos jornais, nas fotografias que estampam nos diários, que todos os presos são asquerosos. Imagine-te num calabouço de uma delegacia policial, um ou dois dias airado numa cama de cimento; que imagem pode oferecer ao seres fotografado depois de passar uma noite como Deus quer, sem banho, sem pentear-te e nem ter água para lavar o rosto sonolento? Estas são as fotografias estampadas nas páginas policiais. Aqui, neste outro mundo, na prisão, o preso também pensa, também quer, também chora, também deseja mudar; este homem mau e marginalizado está disposto a mudar, a viver outra vida. Entre prantos, penas e iras, o preso pede liberdade e compreensão.[81]

---

[80] Moro, T. *Utopía*. Madrid, A. Vázquez de Prada, Rialp, 1989, p. 47.
[81] *Corintios XIII*; revista de teología y pastoral de la caridad, nn. 27/28, pp. 311-312, jul./dez. 1983.

Sejam os meios de comunicação social e da Igreja a voz dos que não têm voz. Têm os presos o direito de falar, de dizer à sociedade o que são, o que querem e o que pensam, cabe à sociedade ouvir esses clamores. Porém, como os ouvirão se ninguém os transmite? Que essas notícias sobre presos sejam transmitidas objetivamente, sem manipulação e deformação, como na maioria das vezes o são.

Atitudes da sociedade

A realidade

É falsa a afirmação de que na prisão se entra por uma porta e se sai por outra. Exatamente o contrário, se entra com facilidade e se sai com grande dificuldade. Sabem-no muito bem os que ali estão. As prisões não são hotéis de cinco estrelas, mas: lugares lúgubres, lugares infernais, instrumentos de tortura que martirizam constantemente pelo simples fato de ter privado da liberdade um ser livre. A prisão é um lugar que não se deve desejar nem ao maior inimigo. "Ninguém conhece a prisão enquanto não viveu no seu interior, enquanto não passou ali dia após dia, ano após ano; ninguém sabe absolutamente nada a respeito do que são as prisões. Há duas espécies de prisões: más e muito más. Não há intermédio: muito más e más."[82]

Mudança de mentalidade

As comunidades cristãs tomam consciência de que na prisão nem todos os que ali estão são delinqüentes e tão pouco ali estão todos que o são; de que os presos, em alta porcentagem, se são delinqüentes, são também vítimas da delinqüência que a sociedade cria, da injustiça; e com freqüência, os grandes crimes ficam impunes; só são punidos os crimes cometidos pelos mais desamparados e mais desfavorecidos. Mesmo com as deformadas informações, a que nos referimos antes, hoje a sociedade está mais informada da vida penitenciária. A chegada da democracia abriu janelas e portas da prisão para que possa entrar a luz de fora e para que se possa ver o que ali se passa, o que era impossível antes. Isso permitiu maior sensibilidade dos setores sociais e da Igreja, produzindo uma solidariedade evangélica com esse infortúnio humano. Por toda parte, no meio da Igreja, surgem homens e mulheres querendo prestar um serviço

---

[82] José Luis, preso de Carabanchel. *Corintios XIII*; revista de teología y pastoral de la caridad, n. 41, p. 151, jan./maio 1987.

evangélico e humano aos presos. Presenciamos um sinal carismático da Igreja renovada.

Privação da liberdade

É um direito da sociedade proteger-se contra a criminalidade. Isto é inquestionável. Mas a liberdade, como a vida, são direitos sagrados da pessoa, que ninguém pode privar de ninguém. Cristo nos fez livres para que sejamos livres (Gl 5,1). Questionamo-nos, então, se uma sociedade civilizada, humana e evangélica está legitimada para proteger-se contra a criminalidade, a privar alguém da liberdade, em outras palavras. O direito de exercer em plenitude minha liberdade me confere o poder de tirá-la dos demais? Se privamos de liberdade os que nos ameaçam a liberdade, estamo-nos equiparando a eles. Não seria mais justo dizer: a morte, nem para os assassinos; a privação da liberdade, nem para os libertinos? Deus quer misericórdia, indulgência, perdão, e não sacrifício, repressão e castigo.

Mais tolerante e compreensiva com o delinqüente deveria ser a sociedade, para nunca despojá-lo de sua dignidade de pessoa. A parábola do joio e do trigo (Mt 13,14-30) é um convite a uma harmônica convivência humana. Substituir pela tolerância a radicalização. Desesperançar, destruir equivale a cometer um crime semelhante, se não pior, ao que castiga. Erradicar a cizânia compete exclusivamente a Deus, que não deseja exercer este poder por si, prefere a convivência pacífica. Santo Agostinho afirmava que a tolerância, a convivência dos bons com os maus, pode chegar a transmudar a cizânia em trigo. É o que também nos revela a parábola do fermento. A separação radical dos maus dos bons apenas levará aqueles a se tornarem piores. Mas, afinal, quem são os bons e quem são os maus?

> Pode a sociedade contribuir decisivamente para conseguir muitas das finalidades que o poder coercitivo do Estado não consegue. A presença ativa, tolerante, compreensiva, para com o indivíduo que vai ser julgado ou que já o foi, pode significar muito para quem se encontra em tantas ocasiões sozinho e segregado de todos nos momentos mais cruéis da vida.[83]

---

[83] Ruiz Vadillo, Enrique. La delincuencia, sus causas y prevención. *Corintios XIII*; revista de teología y pastoral de la caridad, n. 41, p. 83, jan./maio 1987.

Solidariedade

Essa tolerância e solidariedade é apanágio para com todos os delinqüentes e presos. Os seus sofrimentos são os nossos sofrimentos. Para o cristão é o que postula a Palavra de Deus. "Lembrai-vos dos presos, como se estivésseis presos com eles" (Hb 13,3). Identifique-se com os presos, com os que nos parecem bons e maus, pois fazendo-o unicamente com que nos parecem bons, com os que são perseguidos por serem bons, por evangelizar, por seguir a Cristo, equivale a relativizar de tal maneira a Palavra de Deus que corresponde a despojá-la de seu valor universal e eterno.

Reconciliação da sociedade

Se os delinqüentes precisam reconciliar-se com a sociedade, esta também, por sua vez, o deverá fazer com aqueles. A autêntica reconciliação é um processo de conversão que deve ser bilateral, a ser percorrido pelo que viola as normas sociais e pela comunidade, consciente de que suas estruturas facilitaram a criminalidade. Dois pressupostos para esta reconciliação:

1) A fonte da criminalidade está no individualismo, no egoísmo, na indiferença pelos demais, no desprezo, na falta de solidariedade da sociedade, falta esta presente no calvário da execução da pena e no final da mesma;

2) Ser a sociedade mais positiva e mais exigente para acabar com a criminalidade. Para isso, ser mais indulgente com o egresso e admiti-lo como cidadão de primeira e não de segunda ou terceira categoria. Acolher os menos prendados e fracos da comunidade com generosidade. Jesus acolheu e perdoou Madalena e disse: "Muito amou esta mulher, porque se lhe perdoou muito. Ao que muito se perdoa, muito ama." O perdão convida para boa conduta. O delinqüente indultado, perdoado e acolhido, predispõe-se melhor a emendar-se do que o delinqüente duramente punido.

Outrossim, o delinqüente deve reconciliar-se com as vítimas do crime, como estas, por sua vez, também lhe devem oferecer o perdão. O ofendido, se cristão, tem que perdoar e até mesmo amá-lo. Sem dúvida, um gesto difícil e parece muito pedi-lo, porém, assim no-lo exige Jesus: "Amai os vossos inimigos e orai por aqueles que vos perseguem!" (Mt 5,44). Perdoar não significa renunciar ao direito de denunciar o crime e exigir que seja devidamente punido; isto funciona como mecanismo intimidatório à sociedade, mas fazê-lo por vingança é desrespeitar as normas evangélicas. O perdão é uma atitude de gratuidade e de isenção de sentimentos de vingança. E isso por amor a Cristo, que nos ordenou perdoar as ofensas, oferecer a outra face aos que nos esbofeteiam, dar o manto ao que nos quer tirar a túnica (Mt 5,40), não resistir ao mal (Mt 5,39), isto é, não retribua o mal com o mal, porque o mal não se cura com o mal — o assassinato com a pena capital —, mas sim com o bem. Diz-nos São Paulo que devemos acabar com o mal à força de praticar o bem (Rm 12,22), e o provérbio somali: "Se alguém te oferece veneno, oferece-lhe manteiga", e o outro turco: "O sangue não pode lavar sangue". O perdão, o amor é que levam o delinqüente à reconciliação; o que age erradamente está em pior condição do que aquele que perdoa o mal ocasionado. "O objetivo da justiça é o perdão" (Miguel de Unamuno), porque "com a condenação nada se consegue" (Pedro Dorado Montero). É preciso imitar Cristo, que morreu perdoando.

Novas leis

A prisão, ao menos como está estruturada e como funciona, é uma realidade que representa a negação dos mais altos e nobres valores do cristianismo. O cristão convicto e radical dirá *não* à instituição prisional. E sem mesmo apelar para sua condição de cristã, a sociedade civilizada deve repudiar a prisão. A solução para a criminalidade não passa pela prisão, mas pela abolição de penas obsoletas e pela promulgação de novas leis, penas alternativas, que assegurem três coisas: 1) Igualdade de oportunidades para todos e em todos níveis, sem nenhuma discriminação; 2) Criação de centros, suficientes e confiáveis, de tratamento e reinserção que não apresentem caráter carcerário; 3) Reformas das atuais estruturas sociais e penais, substituindo-as por outras em conformidade com os postulados do Evangelho.

Prevenção à delinqüência

A prisão não é certamente a melhor resposta e a mais adequada para o problema da criminalidade, como os hospitais tão pouco são a melhor solução às enfermidades. O hospital o é hoje para o doente e, geralmente, com resultados positivos; a prisão também o é para o preso, mas sempre com resultados negativos. Ambas as instituições não o são para o crime e para a doença. Melhor é prevenir que curar. Mais que voltar-se para o delinqüente, deve-se atacar as causas da criminalidade. "A solução para a criminalidade não está na repressão, nem na severidade da punição, nem no isolamento. Está em atacar com calor e vigor as causas profundas da criminalidade."[84] "A sociedade deve enfrentar o problema da criminalidade a partir das causas que a geram."[85]

São unânimes os criminólogos: "A solução para o problema da criminalidade não é a repressão; a tendência criminológica é a prevenção".[86] Disse-o Beccaria numa frase inquestionável: "É melhor evitar os delitos que castigá-los".[87] É melhor e menos oneroso.

> A administração deve admitir que o cumprimento de penas é sempre mais oneroso do que destinar parte de seu elevado pressuposto na adoção de medidas de prevenção do crime. É bem menos onerosa e mais humana a prevenção. Em especial se referindo à delinqüência juvenil, a quem se deve oferecer uma oportunidade.[88]

É evidente que a prevenção é mais complexa e nada fácil, contudo, nela está o único remédio. Porém,

> Quem se preocupa, quando se trata de criminalidade e de criminosos, com as verdadeiras raízes de uma e de outros, dos germens do criminalismo, das condições que favorecem e incrementam seu desenvolvimento, da podridão que exista no ambiente social e que não pode deixar de ser um viveiro de crimes e criminosos?[89]

Diríamos que ninguém se preocupa, digamos ao menos que não se dá a suficiente e devida preocupação em extirpar as raízes da criminalidade, o que suporia acabar com o delito. Talvez porque não seja possível acabar com o crime, porque o crime é algo consubstancial à natureza humana, algo necessário na dinâmica da sociedade:

> É necessário renunciar a ambiciosas metas — ilícitas e inviáveis, penso eu — como a de "terminar com o crime, extirpar o delito da face da terra". Porque a paz de uma sociedade sem delinqüência é a paz dos cemitérios [...] Não é possível eliminar o delito, nem se o deseja [...] Dentro de certos limites, o crime cumpre também suas funções. Oferece clari-

---

[84] Comisión Episcopal de Pastoral Social, Las comunidades cristianas y las prisiones III, 1.

[85] Ibid., V. 2.

[86] Rodríguez Manzano. Criminología. México, [s.n.], 1984, p. 509.

[87] Marqués de Beccaria, op. cit.

[88] Draper Miralles, Ramón. *De las prisiones de Franco a las cárceles de la democracia.* Barcelona, Argos-Vergara 1984, p. 26.

[89] Dorado Montero, Pedro, op. cit., p. 59.

dade à norma, garante a estabilidade social e reforça a consciência social sobre a vigência dos valores. O recomendável, portanto, é controlar a criminalidade, mantê-la dentro de padrões toleráveis. Como negar a evidência de que a liberdade tem um preço, de que existe uma criminalidade do progresso, índice insuperável do próprio bem-estar?[90]

Isso será verdade? Teremos que nos resignar, nos nichos da liberdade, do progresso e do bem-estar social, a conviver com a criminalidade agora e sempre? Não será possível acabar com o mal?

Textos

"À medida que nas consciências vai penetrando a convicção de que o delinqüente é, como já se o disse muitas vezes, um desgraçado, no qual uma multidão de elementos vem obrando e que sua vontade não os criou, mas que ela sofre o seu influxo, em vez de *odiá-lo*, como é freqüente, *lamenta-se* a desgraça e se procura evitar a repetição da mesma." (Pedro Dorado Montero, *De criminología y penología* [De criminologia e penologia], Madrid, Viuda de Rodríguez Serra, 1906, p. 61.)

"Deve a sociedade inteirar-se tanto da realidade como dos princípios nos quais deve inspirar-se toda ação preventiva e repressiva da criminalidade. Deve saber a sociedade por que existem prisões, que funções têm e como desempenhá-las. Saber que a prisão não tem como finalidade primordial a punição nem a intimidação, mas a reabilitação, a recuperação do infrator. Saber que a sanção imposta pela justiça é apenas a privação da liberdade, não outras privações. E, como conseqüência, estar preparada para acolher quem deixa a prisão, facilitando a sua reincorporação na vida social, não só por razões humanitárias, mas por estrita justiça, porquanto a sociedade também é responsável pela criminalidade." (Santiago y Costa; Luis Pastrana Icort, Una experiencia: la prisión de Tarragona [Uma experiência: a prisão de Tarragona], *Corintios XIII*; revista de teología y pastoral de la caridad, nn. 27/28, p. 216, jul./dez. 1983.)

"Fora dos muros, a máquina carcerária continua presente. A saída da prisão continua sendo problemática, porque nunca se sabe onde termina. A prisão

---

[90] GARCÍA-PABLOS DE MOLINA, Antonio. *Manual de criminología*. Madrid, Espasa-Calpe, 1988, p. 693.

se estende na rua e na sociedade toda. Quando já em liberdade perambulas pela cidade, sentirás pesar sobre ti e sobre os delinqüentes a imprensa e a opinião pública. São uns degenerados, uns pervertidos, uns malnascidos, pensa a sociedade; carregam a tendência para o vício e crime no próprio sangue; não têm remédio e reincidem na primeira oportunidade; detestam o trabalho e a ordem, a vida normal e formal; sua interioridade aninha tendências inconfessáveis. Ao deixar a prisão, irão te acompanhar o desprezo e o temor. Deves esconder zelosamente todos os que passaram na prisão. Mentir se queres encontrar trabalho e emprego... Ninguém quer nada com presos e egressos." (Juan Ramón Iraeta, *La cárcel* [A prisão], Madrid, Mañana, 1977, pp. 36-37.)

"O egresso é um cidadão que deve ser integrado na sociedade com plenitude de direitos e deveres. Esta reinserção exige que a sociedade não o rejeite, mas o acolha compreensivamente e com carinho, como se deve acolher um membro da família humana que todos constituímos. A sociedade reconciliar-se-á com estes membros seus que um dia a perturbaram, porém, que agora retornam, depois de ter pago sua dívida, e não é justo rejeitar sistematicamente, sem mais, e talvez por sentimentos de vingança que Deus não aprova nunca." (Comisión Episcopal de Pastoral Social, *Las comunidades cristianas y las prisiones V* [As comunidades cristãs e as prisões V], 2.1.)

"Sejamos humanos, tenhamos sentimentos de justiça, não olhemos para o delinqüente como um réprobo perpétuo, mas como um ser humano recuperável. Acolhamo-lo com amor para ajudar a sua reinserção social. Estes seriam os sinais de uma sociedade sadia e um Estado social democrático de direito. Pouco me preocupam as estruturas dos órgãos do poder. Preocupa-me, sim, saber como os setores públicos e privados contestam estas perguntas: O que fazes para implantar a justiça? O que fazes para suprimir as opressões? Tentas resolver as dramáticas situações de tantos seres humanos e, principalmente, dos que estão na prisão e de suas famílias? Então, sim, teremos um Estado social democrático de direito ou, ao menos, tentando sê-lo." (Joaquín Ruiz-Jiménez; J. Cortés, Los derechos humanos del recluso y alternativas a la prisión [Os direitos humanos do preso e alternativas para a prisão], *Corintios XIII*; revista de teología y pastoral de la caridad, n. 4, p. 117, jan./mar. 1986.)

Questionário

- Quais as injustiças sociais que originam a criminalidade?
- Que responsabilidades concretas tem a sociedade na criminalidade?
- Que estruturas de pecado são encontradas na sociedade?
- Na prática, que medidas de prevenção ao crime existem?
- Que campanhas faz a Pastoral Carcerária para mudar a mentalidade social arcaica sobre as prisões?
- Que faz a Pastoral Carcerária nas paróquias, nas comunidades de base, nas instituições públicas e eclesiais de caráter assistencial?
- Como os meios de comunicação privados, estatais e da Igreja informam sobre a delinqüência e as prisões? A Pastoral Carcerária utiliza-os?
- Os agentes de Pastoral Carcerária poderiam fazer uma pesquisa na cidade para averiguar o que pensam, em geral, os cristãos e os cidadãos sobre os presos, que grau de solidariedade têm para com eles, o que estão dispostos a fazer por eles, como reagem diante do delito e do delinqüente, como acolhem os egressos etc.?
- A Pastoral Carcerária preocupa-se com as vítimas do delito? Conhece-as? Relaciona-se com elas? Assistem-nas sobretudo moral e espiritualmente?
- Concorda que "não é possível nem desejável sequer" acabar com a criminalidade? Como associar isto ao Evangelho, ao Reino de Cristo? Terá alguma aplicação a parábola do trigo e do joio? Que função social e espiritual pode o crime cumprir neste contexto?
- Que crimes podem ser considerados como resultantes do progresso e do bem-estar?

CAPÍTULO 4

QUEM FAZ A PASTORAL CARCERÁRIA

1. Os agentes da Pastoral Carcerária

A prisão-paróquia

A prisão deve ser considerada "como uma paróquia" dentro do plano pastoral da diocese. Assim a considera o regulamento penitenciário.[1] A paróquia é um território, uma parte da diocese; é igualmente a comunidade de cristãos que residem nesse território e que ali se congregam. Para os cristãos encarcerados, a prisão, com seus lindes reduzidos — pequeno território circundado pelos muros da prisão —, é o lugar onde eles Participam da vida da Igreja. Ali é que se reúnem, onde celebram a eucaristia, onde recebem os sacramentos, onde escutam a Palavra de Deus, onde são convidados a ser testemunhas de Cristo, a ser fiéis ao Espírito Santo, que sopra onde quer, também no interior dos muros e atrás das grades. O assistente religioso, como o pároco na paróquia, está a serviço da comunidade carcerária dentro da Igreja diocesana e da Igreja universal. Se a prisão deve ser considerada "como paróquia", como paróquia deve ser organizada.

O assistente religioso da pastoral

Para essa missão não pode ser nomeado qualquer sacerdote.

Os assistentes religiosos das prisões não podem ser sacerdotes improvisados, mas preparados, tendo recebido técnicas de treinamento específico para a missão, dotados de condições de ciência penitenciária,

---

[1] Regulamento Penitenciário, art. 293.

probidade, zelo, prudência, caridade, franqueza, cautela...; com muito amor e dedicação aos presos, especialmente aos mais abandonados.[2]

Dotado de qualidades humanas e espirituais, pessoa de comprovada vocação penitenciária, sem o que sua atuação seria gravemente perniciosa.

A Pastoral Carcerária exige uma vocação especial e uma especialização conveniente, somente realizável nos sacerdotes "sensibilizados" por essa inclinação, podendo levá-la adiante de maneira eficiente. Quando se é apaixonado por uma causa, existe entrega, total dedicação e dissipação de todas as possibilidades que tramam a competência intelectual necessária para realizar sua missão.[3]

Pessoa simpática e, por instinto, amiga dos pobres, pois entre os pobres estará constantemente; que dê testemunho de pobreza, faça-se pobre com os pobres; que encarne a caridade evangélica; aguerrido defensor dos direitos humanos, defensor dos desvalidos, amigo incondicional de todos; escravo unicamente de sua missão libertadora. Pio XII dizia estas coisas aos capelães carcerários: "Tornai-vos presos de Cristo para o bem dos encarcerados, como o apóstolo das gentes".[4]

O capelão, como o bom pastor, deve conhecer todas e cada uma de suas ovelhas. E como a mesma alegoria indica (Jo 10), ser conhecido por eles.

Tão importante é que o capelão conheça o preso como este o conhece, pois se o preso não conhece seu capelão senão de modo profissional, por mera presença e convivência com eles, mal poderá amá-lo e, como lógica conseqüência, menos poderá confiar nele. Sua palavra, sua pregação, sua catequese, vão se estatelar no muro da indiferença e da desconfiança... O viver e conviver do sacerdote numa prisão não podem estar cerceados por um horário imposto por força do regimento disciplinar... A vivência e convivência transcendem as limitações de tempo.[5]

---

[2] Sanz López, M. Religión y capellanía. *Revista de Estudios Penitenciarios*, Madrid, n. 126, pp. 381-382, maio/jun. 1957.

[3] García Guirao, S. Orientaciones de Pastoral Penitenciaria. *Revista de Estudios Penitenciarios*, Madrid, nn. 181/182, p. 129, jan./jun. 1968.

[4] Pio XII, Discurso a los capellanes penitenciarios, 16 nov.1947. *Documentos Penitenciarios Pontificios*, n. 7.

[5] García Guirao, S., op. cit., p. 122.

O capelão na prisão, como o pároco na paróquia, bem pouco fará sozinho. Temos que evoluir do conceito de "capelão da prisão" para o de "capelania da prisão". Deverá contar com a equipe apostólica que realiza as múltiplas tarefas da Pastoral Carcerária e agir de tal modo que seja aceito por todos e não apenas por alguns; saber escutar e compreender todos os membros da capelania, ser acolhedor, aberto, capaz de abrir canais e não de fechar portas; saber discernir o carisma de cada um e promover o trabalho de cada um.

"O principal desencadeador do processo educativo e da assistência religiosa é o capelão da prisão."[6] Como responsável pela assistência religiosa está chamado a

- Ser o promotor, o incentivador, o animador e o guia das diferentes equipes da Pastoral Carcerária;
- Apresentar um plano da Pastoral Carcerária, elaborado de forma colegiada;
- Ser o interlocutor ante a direção e os demais serviços do estabelecimento penal, assim como ante o bispo; conviria que fosse membro do conselho pastoral da diocese;
- Presidir as reuniões periódicas da equipe, para as quais será exemplo de trabalho, generosidade e entrega aos presos.

Em seu trabalho apostólico,

> a missão do capelão é muito extensa e complexa. Além da celebração dos atos e serviços religiosos..., deve visitar os presos nas celas, prodigalizando-lhes consolo, guia e orientações espirituais e humanas, escutar a quem solicitar sua atenção ou conselho, conhecer suas relações com familiares, procurando robustecê-las ou restabelecê-las se rompidas, auxiliá-los em suas dificuldades domésticas e matrimoniais e manter relação, enquanto conveniente, com os egressos e com os organismos de assistência aos mesmos. Esta última atuação, alicerçada não só no laço religioso, mas também num forte vínculo de simpatia, será um meio eficaz para o reerguimento moral dos presos.[7]

O capelão não será obrigatoriamente um sacerdote. Pode ser um diácono, uma pessoa consagrada ou simplesmente um leigo entregue a essa função em *full time*. Poderá mesmo ser uma mulher. A mulher, em igualdade de direitos e deveres com o homem, pode exercer per-

---

[6] Cuello Calón, Eugenio. *La moderna penología*. Barcelona, Bosch, 1973, p. 400.
[7] Ibid., pp. 400-401.

feitamente essa missão. A Igreja espanhola conta, felizmente, com uma legião de religiosas solidamente preparadas nas ciências do espírito, bíblico-teológicas e catequético-pastorais, que exerceriam a missão de capelães de prisões, como já ocorre em alguns países da Europa. Um capelão anglicano acaba de dizer que o melhor capelão das prisões inglesas é uma religiosa chamada Inês.

Agentes da pastoral — voluntários

Além do capelão, a capelania é integrada por um grupo de agentes, cristãos comprometidos, que, sob a direção do capelão, programam e realizam a Pastoral Carcerária. São eles sacerdotes, religiosos, religiosas, leigos, presos, egressos e funcionários de prisões. É um trabalho da Igreja realizado gratuitamente por amor e porque assim o exige sua condição de cristãos.

Essa equipe da Pastoral Carcerária contribui para a distensão e o pacífico funcionamento do regime penitenciário, para a reeducação e reinserção dos presos. É valiosa colaboradora das instituições penais, que a deve acolher com simpatia, como já vem ocorrendo.[8]

A sua presença nas prisões é um sinal revelador do funcionamento das mesmas: "Talvez o termômetro que nos revela como funciona uma instituição penal seja: dize-me como são as pessoas da Pastoral Carcerária e te direi como são tuas prisões".[9] Exerce um dever humano e evangélico como um direito de solidariedade de cidadão que pode e deve ser regulamentado, porém, não proibido num Estado de direito.

Sacerdotes

Os sacerdotes serão os que mais se sentirão comprometidos com este apostolado eclesial, e que o poderão fazer de muitas maneiras, inclusive sem a necessidade de entrar na prisão. Entrando, muito melhor. "As pessoas constituídas com dignidade eclesiástica tenham particular interesse para acorrer às necessidades dos pobres, e entre eles, os pobres encarcerados, visitando-os e auxiliando-os para que

---

[8] MARQUÉS ARANDA, A. *Corintios XIII*; revista de teología y pastoral de la caridad, n. 191, p. 83, jan./maio 1987.

[9] BERINSTAIN IPIÑA, Antonio. Voluntarios y los benévolos a favor de los presos y en contra de nuestras cárceles. *Revista de Estudios Penitenciarios*, Madrid, n. 339, p. 10, 1988.

não lhes falte o estrito necessário para uma vida digna."[10] "É justo que visitem as prisões e procurem os presos pobres, porque têm maior obrigação que os leigos de condoer-se das necessidades de seus próximos e ter misericórdia deles."[11]

Religiosas

É uma riqueza para a instituição a presença de comunidades religiosas. Os valores religiosos e espirituais que elas representam são um poderoso auxílio na busca dos fins da mesma, são elementos pacificadores e apaziguadores numa área conflituosa e perturbada; irradiam um clima de distensão, relaxamento e paz; um testemunho de disponibilidade e serviço. Os presos das prisões onde há comunidade de religiosas (El Acebuches, de Almería; Martutene, de São Sebastião, e o Hospital Geral Penitenciário, de Madrid) dizem encontrar melhor ajuda nas religiosas do que nas próprias famílias.[12]

> Uma nota alegre no hospital e na prisão são os rostos risonhos e os brancos véus das irmãs que perambulam pressurosas e cheias de ocupações em favor dos presos [...] Nada melhor que essas irmãzinhas, que sacrificam sua vida pelos que sofrem [...] A caridade, e portanto suas irmãs, amam no ser humano a Jesus Cristo e, na figura do mendigo, do órfão, do enfermo, do preso e do condenado, vêem com os olhos da virtude a sacrossanta figura do Senhor.[13]

Funcionários

Encontrará mil ocasiões de ser um apóstolo o funcionário que exerce sua função por vocação. Não se restringirá a observar o que prescreve o regimento disciplinar. Irá bem além. Tem ele um modelo no carcereiro de Filipos a que Paulo, prisioneiro em sua prisão, se converteu ao cristianismo; carcereiro exemplar, que pensava nas feridas de seus presos como exigência do Evangelho que

---

[10] SANDOVAL, Bernardino de. *Tratado del cuidado que se debe tener de los presos pobres*. Toledo, Casa de Miguel Ferrer, 1564, p. 50.

[11] Ibid., p. 51.

[12] MARTÍN NIETO, Evaristo. Las voces de los presos. *Corintios XIII*; revista de teología y pastoral de la caridad, n. 41, p. 268, jan./maio 1987.

[13] CASTRO DE LAZA. *Cárceles sin rejas*. Santiago, [s.n.], 1985, p. 146.

acabara de abraçar (Hb 10,25-34). O funcionário pode facilitar como também pode obstaculizar a ação da Pastoral Carcerária. Caber-lhe-ia prestar essa ajuda, quando não, participar como membro da capelania também.

Presos

Maravilhoso seria se a capelania pudesse contar com presos: presos em plenitude de direitos e deveres, com voz e voto. Há presos que não carecem de reabilitação, os que a desventura, o destino, um acontecimento fortuito os levou à prisão; há os que levaram a sério o replanejar a vida; estes podem ser excelentes apóstolos integrados na equipe da pastoral. Instrumentos de evangelização no próprio ambiente em que vivem e que conhecem melhor que ninguém, e por isso sabem quando e como atuar. Bela missão do capelão recrutar esses internos, eleitos com sabedoria, que podem estar entre os mais perturbadores, porque portadores de uma personalidade muito rica, que, bem dirigida, motivada e utilizada, será um eficacíssimo instrumento para a causa evangélica. Os presos são os evangelizados, mas também evangelizadores; muitas vezes os melhores.

Leigos

A Igreja é o povo de Deus, integrado por todos os crentes e batizados. Corpo místico de Cristo em que cada um tem sua função. As funções do leigo, com sua diversidade de ministérios, são imprescindíveis na construção do Reino. Cabe-lhe maior protagonismo numa Igreja cada vez mais democratizada, sobretudo no campo do apostolado, pois todo cristão deve ser um apóstolo.

Aposentados

Na capelania há lugar também para os aposentados; estes dispõem, geralmente, de mais tempo e possuem qualidades físicas e psíquicas para continuar trabalhando; têm armazenada a sabedoria de toda uma vida. Esses serviços aos outros lhes dará um sentimento de valia que os encherá de satisfação. O bom senso, o equilíbrio mental, a serenidade de espírito fazem deles excelentes conselheiros. A sociedade — neste caso das prisões — não pode nem deve prescindir deles.

Todos

Todos podem, de um forma ou de outra, ser, em sentido amplo, voluntários de prisões, pois de alguma forma podemos ajudar os presos.

Não há ninguém que não possa auxiliar os presos, seja com esmola, seja com palavra, valorizando sua pobreza nos púlpitos, para que sejam socorridos; seja com orações por eles, seja intercedendo junto a algum rico ou pessoa de respeito que os favoreça; e quando não houver nenhuma maneira, com uma visita, animando-os com boas palavras, que isso os ajudará a superar a tristeza.[14]

Comunidades entre grades

Uma monja de clausura pode tornar-se uma grande apóstola penitenciária. A padroeira das missões é uma religiosa de clausura que nunca esteve em terra de missões. Trata-se de criar uma relação espiritual entre as religiosas de clausura e os presos através da oração e da palavra escrita. A obra *Redenção*, iniciada por Giacomo Maria Facincani, já faz isso desde 1959, na Itália; constituída oficialmente em associação, em 1969, recebeu novo dinamismo em 1979, acentuando o valor da oração; o que se inscreve na obra dá-se-lhe o nome de "círio aceso", o que recorda sua missão de levar um pouco de luz às trevas da prisão. Existem hoje na Itália mais de 700 círios acesos, entre os quais se encontram aproximadamente 100 mosteiros, alguns de clausura.

A oração e a correspondência epistolar, de forma anônima entre os membros dessas duas "comunidades entre grades", que não se conhecem e não se conhecerão, são dois eficientíssimos instrumentos na evangelização das prisões, como o testemunha o capelão da prisão, de onde, desde anos, vem se produzindo, também na Espanha, por iniciativa dos presos e das religiosas de clausura, essa intercomunicação entre uns e outros. Algumas prisões atuais foram antigos conventos, lugares onde se rezava muito. Hoje, talvez, lugares onde se ofende a Deus e onde, ao mesmo tempo, se elevam orações. Com este apostolado de "comunidades entre grades" pretende-se conseguir que as prisões sejam lugares onde não mais se ofenda a Deus e onde se louve como em nenhum outro lugar, pois, como dizia Pio XII: "os presos têm uma vocação privilegiada, expiar pelo mundo ver-

---

[14] CERDÁN DE TALLADA, Tomás. *Visita de la cárcel y de los presos*. Valencia, Pedro de Huete, 1574, p. 9.

dadeiramente culpado". E qual é a vocação das religiosas senão a de conseguir sua própria perfeição pessoal, a caridade perfeita, através da prática dos conselhos evangélicos, e a de rezar pelos pecadores? Com sua entrega total a Deus, com o infinito poder de sua oração, as religiosas contribuem poderosamente na redenção que Cristo deixou objetivamente realizada, e de suas celas radiantes de luz divina, em que se recolheram por amor a Deus, podem ajudar a remir os que estão em outra cela de prisão, tenebrosa, triste, por talvez ter tido uma vida distante de Deus.

2. Qualidades do agente da Pastoral Carcerária

Vocação

Não basta ser boa pessoa para integrar a equipe da Pastoral Carcerária. Não bastam tão pouco boas intenções. Há que ser pessoa com vocação, de responsabilidade, de oração, profundamente religiosa, humana, alegre, generosa e amante do pobre. Pessoa apolítica, que age com absoluta liberdade, mas prudente, possuidora de uma sabedoria prática; pessoa que leve a sério sua missão e não a faça por mera curiosidade, por busca de protagonismo ou sentimentalismo religioso.

Formação específica

Deve receber uma adequada formação para a tarefa a realizar: conhecimentos fundamentais do penitenciarismo, do mundo carcerário, da dinâmica das prisões, da Pastoral Carcerária e das técnicas específicas do tratamento. Freqüentar cursos de formação e de reciclagem constantemente.

Solidariedade

O voluntariado é integrado por pessoas que sabem compartilhar com o preso o que os afeta, tristezas e esperanças, alegrias e penas, angústias e gozos; até mesmo os bens materiais, como aconteceu com os primeiros cristãos, que tudo tinham em comum, e repartiam conforme as necessidades (At 2; 4). O apostolado mais eficaz e mais evangélico se o faz na compartilha, pois se a ação da pastoral se reduz ao espiritual, ao preso soam as músicas celestiais; como ele está na terra, e na terra cheia de problemas terrenos, necessita de músicas terrenas.

Generosidade

O voluntariado se entrega com toda generosidade a uma coletividade cativa, da qual não espera e nem pode esperar benefício material algum; ao contrário, deve ajudar em todas as ordens, tornando-se porta-voz de suas necessidades. Dar, sem esperar retorno. Dar seu tempo, suas coisas, seu coração, toda sua pessoa; consome-se pelos presos sem nem mesmo esperar agradecimento. Mas o preso é agradecido. E Deus, servido através do preso, recompensa qualquer serviço na prisão e fora dela.

Religiosidade

Os voluntários são pessoas de oração, que crêem na oração, pois a oração está na base de todo apostolado. Rezam com os presos e os ensinam a rezar, como Cristo o fez aos seus discípulos; rezar é adotar as atitudes do pai-nosso. O preso que aprendeu a rezar, aprendeu o caminho de sua conversão, a solução de seus problemas.

Humildade

Os voluntários são pessoas humildes que praticam a humildade. Se evangelizam, deixam-se evangelizar; se entram na prisão para enriquecer uma coletividade de pobres, saem enriquecidos pelos dons que a pobreza dos prisioneiros oferece prodigamente aos que os visitam. Há que se fugir do paternalismo, como se fôssemos só dar e não receber, quando na realidade recebemos mais do que damos. Se for essa a nossa atitude, aprenderemos e receberemos dos presos mais do que lhes damos e do que lhes ensinamos. Aqui o evangelizador é o primeiro evangelizado.

Liberdade

O voluntário é um ser humano livre em todos os aspectos. Dispõe de tempo livre que dedica aos demais. Transita pelos caminhos da liberdade. Está liberado, na melhor disposição, para transmitir aos encarcerados "um evangelho que é, por sua própria natureza, mensagem de liberdade e libertação".[15] Se ele também se sente preso por suas próprias misérias e maldade, tanto melhor, pois assim compreenderá melhor aquele que está entre as grades.

Segurança

O voluntário é uma pessoa madura, equilibrada, que descobre os valores e os contravalores da instituição prisional para revalorizar os primeiros e para erradicar os segundos; uma pessoa que oferece garantias, tanto por parte da Igreja, que a envia, como por parte do Estado, que permite sua entrada na prisão; uma pessoa que prima pela seriedade e responsabilidade, indo à prisão para praticar o bem e não por mera curiosidade ou efêmeros sentimentos filantrópicos.

Confiança

O voluntário sempre acredita no preso, ainda que às vezes o engane. Percebendo o preso que não se lhe dá crédito, nada mais se pode fazer.

Não se pode rejeitar como falso o que o preso diz...; anotar o que diz, deixar falar com liberdade, sem contradizer, sem interromper... Não estando acostumado a que os escutem com interesse e sendo escutado, torna-se loquaz; dirá o que pensa, o que sente, ou talvez o contrário; contará verdades ou mentiras, contudo, na prisão é mais difícil ser cômico como no teatro, e não é provável que o seja...; pode ser mentira ou parecer ser, contudo, uma coisa é certa, sua desgraça...; mais vale que um preso ria por ter enganado, que contristar quem foi sincero qualificando-o de mentiroso; esta injustiça pode ser tão grave quanto a amargura de se ver desconfiado aquele em que temos confiança. Quando se abre o coração é para que entre o consolo, não a suspeita.[16]

---

[15] Instrucción de la Sagrada Congregación para la Doctrina de la Fé. Libertad cristiana y liberación. Madrid, Paulinas, 1982, p. 5.
[16] Arenal, Concepción. *El visitador del preso*. Madrid, Victoriano Suárez, 1946, pp. 37-38.

Lealdade

Quando o voluntário dá sua palavra, cumpre-a. O preso não perdoa a falta à palavra dada. Pode ele enganar, mas não tolera que ninguém o engane, e muito menos o agente da pastoral, em quem confia plenamente. Ele poderá ter perambulado por caminhos proibidos, mas não pode entender que os que proclamam e vão ensinar caminho certo, da verdade, transitem por caminhos da falsidade, da mentira e do engano, ou da falta de sinceridade. Uma pessoa responsável cumpre o que promete. Se lhe prometemos uma entrevista dentro de uma semana, esta não pode ser esquecida. A falta à palavra cria a desilusão e a desesperança nesse mundo carcerário tão carente de esperança.

Carisma

Ser visitador de prisões é um privilégio, um dos carismas mais sublimes a serviço de homens e mulheres marginalizados, que deve ser exercido com um profundo sentimento de gratidão a Deus e aos presos por deixar-se servir e por deixar-se amar. Os inúmeros carismas que eram abundantes na Igreja primitiva, que não deixaram de ser ao longo da história eclesiástica e, providencialmente, refloresceram em nossos dias, podem exercer-se nas prisões com suas carências e urgências de serviços evangélicos. Como em outros tempos surgiram ordens e congregações religiosas para ajudar os presos, na Igreja hodierna também surgem comunidades de homens e mulheres com o carisma especial de atender os encarcerados. E cabe-lhes a missão de evangelizar as prisões. O problema das prisões é um problema a ser equacionado com o coração.

Paciência

Muita paciência, ainda que tudo aparente ser inútil, que todo esforço é vão, que se perca tempo, que nada haverá de positivo. Resistir, conscientes de que se trata de semear e cultivar, porém, quem faz crescer as sementes é Deus. Pacientes no trabalho e na espera. Disponibilidade e paciência, duas virtudes que ornam a personalidade do agente da pastoral. "Como o difundi e a experiência o comprova, os presos vivem aflitos e desconsolados. Os que os visitam, consolam, animam e exortam para que tenham paciência em seu trabalho: cumprem uma meritória obra de misericórdia."[17] O número enorme de presos e a quantidade de problemas, muitos insolúveis, constituem-se numa tentação de tudo abandonar e provoca uma sensação de impotência, desencorajamento. Não pode ocorrer, e para que não ocorra, convém que o método de trabalho e o planejamento das atividades sejam revistos constantemente.

Compreensão

Os voluntários são pessoas simpáticas, alegres, otimistas, capazes de levar alegria onde há tristeza, compreensivas com a debilidade humana, porque elas assim se consideram e certamente também o são, vítimas de suas próprias limitações; conscientes de que no lugar e nas circunstâncias desses irmãos que caíram, elas provavelmente cairiam até mais fundo. Odeiam o crime, mas amam de todo o coração o delinqüente. Nele vêem um irmão querido, um filho de Deus. Mais que evangelistas, são pessoas compreensivas, repletas de bondade. Costuma-se dizer que o oitavo sacramento é o da compreensão, os voluntários são mestres consagrados deste sacramento.

> O preso não pode ver no capelão e nos que com ele colaboram ou nas comunidades cristãs que dele se aproximam nada que pareça oficial e coativo. Tem que ver homens e mulheres que tragam compreensão, tolerância e afeto de braços abertos, para ajudar a cada um conforme sua necessidade. O amor gera o amor, o ódio, ódio.[18]

Ponte de comunicação

A prisão é um armazém de seres marginalizados, alijados da sociedade. A pastoral com estes "alijados" deve consistir em "acercar", cercá-los da sociedade, de suas famílias, de seu meio social, de Deus.

> Os presos pertencem, em sua maioria, ao grupo social dos chamados "alijados". Alijados da sociedade, que se defendem de seus crimes pelo sistema da justiça. Rejeitados de suas famílias e de seus ambientes, amontoados na prisão, sem trabalho nem ocupação, es-

---

[17] SANDOVAL, Bernardino de, op. cit., p. 33.
[18] RUIZ VADILLO, Enrique. La delincuencia, sus causas y prevención. *Corintios XIII*; revista de teología y pastoral de la caridad, n. 41, p. 89, jan./maio 1987.

cutando inconveniências, deprimidos, sem esperança, com problemas de toda ordem. Alijados do mundo religioso, do qual guardam uma idéia muito pobre e deformada, contudo, são pessoas que, em geral, buscam a Deus.[19]

A aproximação dos presos à sociedade efetivar-se-á com o contato da sociedade a que pertencem e à qual voltarão um dia. O voluntário é uma força de primeira ordem para esta aproximação, pois, com sua ação caritativa e social, constitui "uma janela aberta para o campo da vida ativa",[20] uma ponte entre a prisão e a sociedade, ponte de comunicação e entendimento entre o espaço fechado da prisão e o aberto da sociedade, espaços a serem unidos e reconciliados. É necessário fazer crescer nos presos a sensação de que não estão excluídos, de que fazem parte da sociedade.

Ética

A capelania, por princípio e por sua própria natureza, deve significar e ser um paradigma de ética e de conduta. E isto duplamente. Primeiro, na forma de ela mesma atuar. Todos seus membros adotam módulos irrepreensíveis de ação e não ultrajam nenhum dos postulados regulamentares. Segundo, como ponto de referência, como espelho no qual todos podem observar-se, e isto não só de maneira individual, para pedir e aconselhar em problemas pessoais, mas também de maneira coletiva, para pedir e dar assessoramento em tudo que afeta tanto o universo carcerário como o funcionário. A capelania, pela qualidade de seus membros e por sua ação, adquire autoridade moral para influenciar nas deliberações e divisões da junta de regime e de tratamento em favor dos presos. Mesmo sendo a prisão um mundo pluralista no qual os valores cristãos nem sempre são aceitos universalmente, a capelania os concretiza através de sua conduta, afirmando-se como instituição digna de credibilidade ante a direção, os funcionários e os presos.

---

[19] *Pastoral Penitenciaria de Palma de Mallorca*, 1.3.

[20] García Bellver, C. Yo he visitado a un preso. *Revista de Estudios Penitenciarios*, Madrid, n. 84, p. 57, mar. 1952.

Textos

"Quando o visitador de um preso faz esta reflexão: 'Vou ver um homem ao qual não faltam palavras dessas que brotam da alma.'" "Isso que dizia César Pratesi no Congresso Penitenciário de Estocolmo contém a mais profunda lição que pode receber o visitado que a necessita. A *modéstia*, a verdadeira modéstia sentida e motivada, é qualidade indispensável; sem ela, o orgulho e a altivez... serão visíveis para o olho perspicaz do que humilham. Quando entre duas pessoas uma se julga superior à outra, é impossível não revelar semelhante atitude sem que dela se aperceba o que a tem." (Concepcíon Arenal, *El visitador del preso* [O visitante do preso], Madrid, Victoriano Suárez, 1946, pp. 13-14.)

"O preso não está na prisão por própria culpa, senão por sua sorte adversa e sua falta de organização; seu visitador não goza de liberdade por ser virtuoso, mas por ser afortunado; herdou um patrimônio ou meios para adquiri-la, tornando-se cavalheiro e honrado, o outro, canalha e criminoso. O mal perpetrado por um e o bem realizado pelo outro brotaram como duas plantas diferentes porque se originaram de semente diferente. Para quem assim pensa, não há delinqüentes, mas desgraçados; e se sente-se algo, que se deve sentir, quando os visitar na prisão, que poderoso motivo para *compadecer-se* deles e que razão forte para não desprezá-los!" (ibid., pp. 14-15.)

"Depois da compaixão e da modéstia sentida, a perseverança é uma qualidade indispensável para o visitador de preso. A vontade presente na vida do ser humano, deve estar na do visitador como tal. O que não a tem firme, perseverante, procure para fazer o bem outro meio mais fácil que consolar os delinqüentes e contribuir para sua emenda. Nessa tarefa há amaros desenganos, lições severas; se as vaidades pudessem ser curadas, seria bom curá-las; é desejável que ao menos as alije, porque entrarão nela sem êxito e se retirarão com prejuízo. O que por falta de perseverança se afasta dessa obra piedosa, sem querer e sem saber a desacredita." (Ibid., p. 15.)

"Coração, modéstia, perseverança: eis o essencial, em nosso entender, para visitar com fruto o encarcerado. Não são necessários dotes excepcionais nem qualidades invulgares, e poderá mesmo ocorrer que um ser humano aparentemente vulgar faça mais bem que outro mais inteligente e mais instruído. O coração e o caráter influirão no preso mais que a razão superior e os vastos conhecimentos. Os hábitos intelectuais elevados podem até ser um obstáculo para fazer-se compreender por pessoas acostumadas a falar pouco e mal." (Ibid., p. 16.)

"O visitador de preso é *homem de coração* e de caridade, e sabe, sem que ninguém o ensine e sem o ter aprendido, como apresentar-se ao preso para impressioná-lo favoravelmente até onde seja possível, inspirar-lhe confiança. Ali não se leva nenhum cálculo mesquinho; vai, nada mais, que para fazer o bem e poder ser *sincero*; é necessário que o seja, porque a ficção seria um obstáculo insuperável... A *sinceridade* é simpática, expansiva, comunicativa, e introduz na atmosfera moral algo que a faz mais respirável e vivificadora, mesmo para o que não é sincero. O preso quer enganar, porém, revolta-se ao ser enganado, ainda que tolere isso de seus companheiros. Porém, que não fale a verdade aquele cavalheiro a quem ele mentiu tantas vezes, irrita-o... Em matéria de sinceridade, tenha ele ou não a tenha, crê-se com indiscutível direito à do visitador. E com razão, porque o ser humano caridoso não vem para repetir as faltas do pecador, mas para dar-lhe exemplo de virtudes. E assim como não lhe ocorrerá roubar ao ladrão, tão pouco faltar a verdade ao embusteiro." (Ibid., pp. 35-36.)

"Como meio de promover a assistência aos presos e, em particular, para favorecer suas *relações com o mundo exterior*, com o fim de arraigar neles a idéia de não estarem excluídos da vida social, vai tomando grande desenvolvimento a atividade de visitadores de presos... A Igreja, em séculos passados, iniciou e aconselhou, como obra de misericórdia, a visita aos presos... A seleção de visitadores não é coisa fácil, pois requer condições de caráter, simpatia e tato extraordinário." (Eugenio Cuello Calón, *La moderna penología* [A moderna penologia], Barcelona, Bosch, 1973, p. 497).

"Estes (visitadores), disse Fox, são homens e mulheres do exterior, convidados por comissários de prisões, por recomendação do diretor ou do capelão da prisão, para visitar à tarde os presos em suas celas. Vêm como simples *amigos* do exterior, sem conexão alguma com o pessoal ou com a administração da prisão, para aliviar a solidão de seus longos anos de confinamento com amigáveis palestras que podem interessar aos presos. O valor desses visitantes e o benéfico efeito sobre a moral dos presos vêm reconhecidos e amplamente aceitos desde muitos anos." (Ibid.)

"Relevem-me a ousadia de que recorde a quem vamos visitar, a quem vamos prestar nossa ajuda na prisão, com quem vamos conviver, já que aqui reside o sentido último de seu voluntariado cristão.

a) Vamos ver um homem *com quem Jesus, o Filho de Deus, não identificou-se misteriosamente*. Ele é o samaritano que se aproxima de todo ser humano que esteja com a vida destruída à margem do caminho. De todos levou o peso, os equívocos, os pecados, as injustiças. Tomou as nossas enfermidades e sobrecarregou-se dos nossos males (Mt 8,17). Que importante é que os voluntários cristãos prestem seus serviços conscientes da solidariedade na culpa que pesou sobre os ombros de Cristo! Não são os justos que por piedade visitam os pecadores; mas os pecadores que compartilham a misericórdia do único Bom, a saber, Deus. (Mt 19,17.)

b) Vamos visitar um homem que está internamente constituído do 'princípio esperança', já que sem horizonte de futuro não há vida humana; e que pela ressurreição de Cristo de entre os mortos renasceu para uma *esperança inextinguível* (1Pd 1,3). Com a biografia pessoal, com todos os condicionamentos sociais, com todos os limites de situação que sofre [...] visitamos um ser humano sobre quem é necessário que brilhe a luz da esperança.

c) Vamos visitar um *irmão*. Ninguém despreza sua própria carne. A fraternidade real, e sentida realmente, leva à compreensão, leva a recorrer no espírito a vida anterior de quem terminou na prisão com entranhas 'compassivas'.

Um amor orgulhoso, que despreza ou subestima a pessoa a quem se quer ajudar, não é nem cristão nem em absoluto é amor." (Ricardo Blázquez Pérez, bispo auxiliar de Santiago de Compostela, *Jornadas de formación para el voluntariado cristiano de prisiones* [Jornadas de formação para o voluntário cristão de prisões], Paço de Mariñán, La Coruña, 1 jun. 1990).

"Prisão enferma, de fome e sede perdida,
quebrada, e no deserto desprezível morada,
onde a liberdade jaz aprisionada
e a vida é transformada em morte,
com amor visitada e provida,
vestida, e feita pousada universal,
com grande afinco e estudo resgatada,
redobrando (por sepulcro) nova vida."

(Tomás Cerdán de Tallada, *Visita de la cárcel y de los presos* [Visita ao cárcere e ao preso], Valencia, Pedro de Huete, 1574, p. 5.)

Questionário

- O capelão tem mostrado ter vocação penitenciária? Foi devidamente recrutado? Dá a impressão de ter sido improvisado? Dedica-se em *full time* à Pastoral Carcerária? Vai à prisão diariamente? Tem as condições requeridas para ser o animador das equipes que integram a capelania?

- A capelania goza de plena liberdade para exercer sua missão? Encontra algum obstáculo? Encontra barreiras? Oferecem-lhe facilidades?
- O capelão e os voluntários conhecem os presos e, por sua vez, são conhecidos por eles? Quantos presos conhecem? Com quantos se relacionam?
- Quantos sacerdotes e religiosas voluntárias estão integrados na capelania?
- Os voluntários que trabalham na prisão são pessoas de comprovada vocação penitenciária? Possuem as qualidades requeridas?
- Como ajudam os presos? Que ajuda material oferecem?
- Entre os membros da capelania existe cooperação e compreensão?
- Existe entre eles a confiança requerida e a liberdade fraterna para dizer-se uns aos outros o que fazem mal e o que deveriam fazer melhor?
- Refletir juntos sobre as atitudes concretas, humanas, religiosas e espirituais que as equipes da capelania devem adotar e contrastá-las com as que de fato são adotadas.

CAPÍTULO 5

O QUE PRETENDE A PASTORAL CARCERÁRIA

1. Reconciliação

A capelania penitenciária pretende ser uma comunidade evangelizadora, capaz de criar na prisão o ambiente que nasce da experiência transformadora do encontro com Cristo. Através do próprio testemunho evangelizador, ser uma presença encarnada na história pessoal dos encarcerados, compartilhando sua fé e sua vida, manifestando a solidariedade da Igreja com os privados de liberdade, colaborando na reforma das estruturas sociais, tornando presente o amor de Cristo num mundo sem esperanças.

Busca-se promover o desenvolvimento e a animação de uma comunidade cristã viva dentro da prisão, na qual os presos possam compartilhar também, entre grades, sua fé e sua vida como as comunidades em liberdade. Isto com a finalidade última de conseguir dos presos a reconciliação. A culpa, como o pecado, tem essencialmente três dimensões: 1) Dimensão individual: ruptura consigo mesmo, negação da própria identidade; 2) Dimensão social: ruptura com os irmãos, negação da solidariedade; 3) Dimensão religiosa: ruptura com Deus como Pai e Senhor. Por essas três razões, o fim primordial da Pastoral Carcerária consiste em tratar de conseguir do preso esta tríplice reconciliação: consigo mesmo, com a sociedade e com Deus.[1]

---

[1] Cf. Carta de los capellanes penitenciarios, Comisión Internacional de Capellanes Generales de Prisiones. *Corintios XIII*; revista de teología y pastoral de la caridad, n. 48, out./dez. 1988.

Reconciliação consigo mesmo

Ao preso cabe refletir com serenidade, de maneira séria e objetiva, sobre as realidades que o condicionam, para assumir o passado tal e como foi, afrontar o presente tal e como é, e programar o futuro tal e como deverá ser. Não angustiá-lo, rememorando-lhe o crime cometido, porém, tão pouco se lhe pode exonerar de toda culpa.

A responsabilidade pela delinqüência juvenil, de um lado, deve ser inscrita nas pessoas e nas instituições que contribuíram para o dano e a perda de uma série de valores humanos, éticos e cristãos, e, por outro lado, ao mesmo delinqüente, último responsável de seus atos e do qual exige-se prestação de contas de sua conduta. Esta delinqüência juvenil é fruto de uma vida leviana e alegre, irreflexa e irresponsável, corrompida e viciosa, inconformista, rebelde e agressiva. E isso não tem justificativa nunca...; importa que os jovens saibam escutar as vozes de sua consciência, que, naturalmente, deve reprovar-lhes seus comportamentos.[2]

Excelente oportunidade a prisão para que se acentuem nele os sentimentos de culpa, o reconhecimento de seus próprios erros, da equivocada opção pelo caminho que o leva à ruína. "Que caminho deve empreender o réu? É o de reconhecer o mal feito que lhe valeu a pena; o de detestar tal ato, o do arrependimento, de expiação, da purificação, do propósito prospectivo. Eis o caminho que o condenado deve seguir."[3]

O agente da Pastoral Carcerária deve esforçar-se por encontrar os presos e deixar-se encontrar por eles. Estabelecer com eles um diálogo de compreensão, confiança e carinho. Acolhe-os tal e como o são, ajudando-os a expressar-se, a manifestar-se e situar-se na verdade, ainda que esta lhes seja dura e dolorosa. Auxiliá-los a encontrar um sentido na vida, a programar o itinerário a percorrer.

---

[2] Martín Nieto, Evaristo. Congresso Nacional de Pastoral Penitenciaria. *Corintios XIII*; revista de teología y pastoral de la caridad, n. 41, jan./maio 1987.

[3] Pio XII. Discurso aos juristas católicos italianos, 5 dez. 1954. *Documentos Penitenciarios Pontificios*, nn. 23/24.

Conversão

Inúmeros presos se crêem injusta e excessivamente punidos, até mesmo inocentes.[4] Ao mesmo tempo, sentem-se culpados e delinqüentes, confessam sua impunidade por outros delitos que cometeram, e agora estariam pagando por um que não cometeram ou que não era tão grave para merecer punição tão severa. Aproveita o apóstolo esta ambivalente situação psicológica da inocência, culpa e pecado, impunidade e castigo, para reforçar o sentimento e a decisão de conversão. Inocentes ou culpados, devida ou indevidamente punidos, o que está claro, e assim o confessam eles mesmos, é a necessidade de mudança, de enveredar por outro caminho. E esse processo de conversão é longo e penoso. Só São Paulo, pela misericórdia divina, o percorreu quase instantaneamente. Para os presos, todavia, pela atormentadora situação em que vivem, esse processo pode levar a uma decisão rápida, remédio para uma fulgurante mudança. Mas também pode ser lenta, penosa, reflexiva. Muitas vezes é decisiva a palavrinha do agente da pastoral.

Reconciliação com a sociedade

Consiste em estabelecer e restabelecer relações normais em todos os níveis, a capacidade de viver em sociedade, a solidariedade com os demais. O crime representa sempre uma agressão e ruptura com a sociedade. A ordem dilacerada deve ser restabelecida. O agente atua para romper o isolamento dos presos, favorecendo a vinculação com a família, o relacionamento com o mundo exterior; fomenta a solidariedade entre os próprios presos através de ajuda mútua, amizade, companheirismo; desperta o senso de responsabilidade, cara a cara consigo mesmo, com seus companheiros, com sua família, com a sociedade.

Vítimas

O delinqüente precisa reconciliar-se com as vítimas do crime; reconciliação moral, espiritual e humana, quando possível também econômica, mediante o ressarcimento e compensação que estejam ao seu alcance. "A vítima tem seus direitos. Deve ser ressarcida, indenizada. E, outrossim, está desamparada pelo direito."[5] "O esque-

---

[4] *Corintios XIII*; revista de teología y pastoral de la caridad, nn. 27/28, jul./dez. 1983.
[5] BUENO ARÚS, Francisco. *Estudios penales y penitenciarios*. Madrid, Instituto de Criminología de la Universidad Complutense, 1981, p. 88.

cimento inexorável da vítima do crime é notório e prejudicial no desenvolvimento das ciências penais e criminologias...; a vítima se a ignora de forma absoluta, pois são os criminosos que passam para a história das vítimas, ninguém se recorda e pensa",[6] apesar "de que muitas vítimas necessitam de mais ajuda, proteção e tratamento que seus vitimadores".[7]

Reconciliação com Deus

A prisão pode ser um momento propício e providencial para um encontro com Deus. Em sua vida livre, o preso podia estar distanciado de Deus e das práticas religiosas. O crime, talvez, possa ter sido a última conseqüência desse isolamento de Deus, e agora se procura restabelecer a aproximação. Essa reconciliação com Deus consiste em descobrir e redescobrir o amor de Deus vivo, que nos chama todos a uma contínua conversão. A prisão poderá aumentar esse isolamento ou aproximar definitivamente; a prisão, para o mundano ruído, pode conduzi-lo ao ostracismo, a mergulhar no nada, como pode ser o melhor momento da vida para encontrar-se com Deus; o profundo sentimento de solidão, isolamento e abandono leva a buscar apoio em Deus, que jamais falha e se deixa encontrar por todos que sinceramente o buscam. A assistência religiosa é, sem dúvida, o caminho seguro para reconciliar-se com Deus, que é no que consiste a reabilitação integral da pessoa, pois por muito que se fale de reeducação, de formação e reinserção do preso, se não se lhe oferece uma reabilitação moral, espiritual e religiosa, que liberta do sentimento de culpa, essa reabilitação inexiste.

2. Uma pastoral de amor e perdão

Uma pastoral de amor engendra e favorece a reconciliação. O amor compreende tudo, suporta tudo, tolera tudo, quase justifica tudo. Assim uma mãe age com seus filhos, bem como procedem os apóstolos penitenciários, as mães da prisão. Inadmissível uma palavra de condenação nos lábios destes apóstolos. Haja o que houver. Não significando isto que se aprove ou se aplauda o crime, que se aceitem esses desvios de conduta, muito pelo contrário, significa que, mesmo

---

[6] RODRÍGUEZ MANZANO, L. Criminología. México, [s.n.], 1984, p. 72.
[7] Ibid., p. 508.

sabendo que agiu erradamente, estamos sempre a seu lado, ajudando no que for possível. "A condenação de atos legitimamente execrados pela justiça não implica a rejeição e o ódio às pessoas que os praticaram."[8] "Para realmente ajudar o preso é mister ir-lhe ao encontro, não só com idéias, mas também, e talvez mais, com o coração."[9]

Odiar o crime, amar o delinqüente

Repudiamos o crime, mas amamos o criminoso. Eis a maravilhosa lição penitenciária de D. Quixote quando libertou das correntes os condenados às galeras.

> Aos cavalheiros pouco se lhes faz verificar se os afligidos, encarcerados ou oprimidos, que encontram pelo caminho, estão angustiados por suas culpas ou suas desgraças; só lhes cabe ajudá-los como necessitados, considerando suas penas e não suas malcriações. Topei com uma porção de pessoas aborrecidas e fiz com elas o que minha religião aconselha.[10]

E eis o comentário de Unamuno a este discurso de D. Quixote:

> Ó meu senhor D. Quixote, quando veremos em cada galeota, antes de tudo e sobretudo, um necessitado, olhando para seu sofrimento e não para outra coisa... Até que à vista do mais horrendo crime não seja a exclamação que nos brote, pobre irmão!, pelo delinqüente, será porque o cristianismo não invadiu a nossa alma inteiramente.[11]

O crime permanece fora da prisão e entra somente o ser humano sofredor, ao qual nos devemos dedicar.

Pedagogia do perdão

Tudo admite desculpa. Os fatos são analisados nas circunstâncias que a cada um é dado viver e que condicionam, às vezes, de maneira absoluta. Cristo veio salvar o que estava perdido; e se há alguém perdido, ao menos aparentemente, esse é o preso, perdido para a socie-

---

[8] SETIÉN, José María. El preso, una persona humana, carta pastoral, Obispado de San Sebastián, jan. 1990.

[9] Pio XII. Discurso aos juristas católicos italianos, 26 maio 1957. *Documentos Penitenciarios Pontificios*, p. 38.

[10] CERVANTES, Miguel de. *Don Quijote de la Mancha*, I, 30.

[11] UNAMUNO, Miguel de. *Vida de Don Quijote y Sancho*. Madrid, [s.n.], 1985, p. 30.

dade. Maravilhosa oportunidade de resgatá-lo para a sociedade, para a família e para Deus, e para si mesmo. Isso tudo só pelo perdão. Da pedagogia do castigo — do olho por olho e dente por dente — Cristo passou para a pedagogia do perdão. A conversão e o perdão, o amor e a graça, constituem os pilares fundamentais da mensagem cristã. As instituições humanas, incluídas as da administração da justiça, podem condenar, o devem fazer pelos imperativos da lei e do bem da sociedade, por isso mesmo nada têm a ver com as normas evangélicas, que perdoam até setenta vezes sete, isto é, sempre. O apóstolo perdoa e implora o perdão para o réu. Recordemos que todos, no final, no momento de nossa última e definitiva sentença, necessitaremos do perdão, que o será na mesma medida com que o tivermos dado. "O objetivo da justiça é o perdão, e em nossa passagem para a vida definitiva, nas ânsias da agonia, sozinhos com nosso Deus, cumpre-se o mistério do perdão para os homens todos."[12]

Textos

"Pretende-se corrigir realmente o culpado? Devolvam-lhe, após sua expiação, os direitos que seus crimes lhe tiraram, que se lhe estenda uma mão protetora, que se lhe ensine a respeitar a si mesmo e a respeitar os demais, e se deixe de o desprezar. Assim a pena terá surtido efeito e o objeto do legislador desobrigado. Querer converter o réu num ser humano útil à sociedade, predispondo esta contra ele, ou irritando-o com desprezo e ódio, é buscar o céu pelos caminhos que conduzem à perdição." (Vicente Boix, *Sistema penitenciario del presidio correccional de Valencia* [Sistema penitenciário do presídio correcional de Valência], Valencia, Imprenta del presidio, 1850, pp. 229-230.)

"Toda culpa do homem é sempre também uma culpa perante Deus. Por libertação religiosa da culpa entende-se a libertação da culpa íntima que obriga a pessoa do réu diante de Deus, isto é, diante da suprema e última razão de todo direito e de toda obrigação moral... Se ao réu não se lhe indica essa última libertação religiosa, ou ao menos não se lhe aponta e indica o caminho dela..., então não se lhe oferece ao homem culpado, castigado, senão muito pouco para não dizer nada, ainda que se fale de cura psíquica, de reeducação, de formação social da pessoa, de emancipação do extravio

---

[12] Ibid., p. 22.

e da própria escravidão." (Pio XII, Discurso à União de Juristas Católicos Italianos, 6 fev. 1955, *Documentos Carcelarios*, n. 33.)

"Pelo tipo de vida que levaste, deduz-se que muito pouco te preocupaste com as coisas de Deus; porque se tivesses respeitado seus princípios e preceitos, certamente não terias procedido dessa forma. Lugar de recolhimento será para si a prisão: uma vida de retiro onde purificarás o teu passado, dando adeus a quanto motivou a desgraça que hoje lastimas. Abre teu coração ao arrependimento e sentir de tê-lo ofendido e pede ao teu Criador, com fé e confiança, para que renasça a paz e a tranqüilidade em teu espírito... Não te envergonhes de confessar a Deus ou de dar-lhe o culto devido... Não te guies pelo que fazem companheiros teus, que o negam em público e o suplicam na solidão da cela... Busca em Deus a fortaleza de espírito... Pede conselho ao capelão." (A. Fernández Moreno, *Corrección* [Correção], Bilbao, [s.n.], 1921, pp. 168-170.)

"Ao preso deve-se ajudar a se reconciliar. Ajudá-lo para que veja, aceite e assuma o mal que praticou, para pedir perdão... Deve-se-lhe dizer com palavras e com gestos nossos que Deus o ama, o ama entranhadamente, que dói a Deus o que ele está passando... que o bom pastor espera o filho pródigo e que o acolherá com uma festa." (Lorenzo Tous, Evocación desde la cárcel [Evocação desde a prisão], *Corintios XIII*; revista de teología y pastoral de la caridad, n. 48, pp. 176-177, out./dez. 1988.)

"A prisão é a escola da delinqüência, infelizmente; porém, também pode ser escola do amor para o agente da pastoral, se o encontra com o coração aberto e liberto... É fácil amar os presos. Estando com eles, brota essa relação de amizade profunda com todos. É uma artéria que faz brotar o espírito e que deve ser seguida e alimentada. Dessa água virá vida nova para o preso, que o irá iluminando, libertando, fortalecendo, aproximando dos seus e de Deus. Para o evangelista será a melhor compensação por seu trabalho." (Ibid., pp. 180-181.)

Questionário

- Quantos presos acredita estarem realmente arrependidos de seus crimes?
- Quantos têm aceito e assumido o seu passado e ouvem a voz de sua consciência que os censura?
- Quantos enveredam pelo caminho da reconciliação com a sociedade?
- Quantos estão preocupados com as coisas de Deus? Quantos se manifestam indiferentes? Quantos contra? Quantos estão na prisão por terem se esquecido de Deus?
- O voluntário fala de Deus aos presos? Aproveita de toda ocasião para isso? Envergonha-se de o fazer?
- Quantos por cento da população reclusa se acerca do capelão ou voluntários para solicitar-lhes ajuda moral e espiritual? Quantos para pedir ajuda material?
- Fazer uma pesquisa entre a população carcerária sobre o que significa Deus e Jesus Cristo.
- Que grau de amizade tem com os presos? Quantos são comensais de sua amizade?
- Realiza a capelania uma pastoral de amor e perdão?

Capítulo 6

O QUE FAZ A PASTORAL CARCERÁRIA

1. Atividades de caráter religioso[*]

Evangelização

A principal missão da Pastoral Carcerária é evangelizar, pregar o Evangelho, anunciar o Reino, ressaltar os pilares em que se apóia o Reino, o amor, a justiça, a liberdade e a paz; tornar presente na prisão a força libertadora, humanizadora e transformadora do Evangelho. Evangelizar na prisão não é outra coisa senão humanizar. Essa evangelização processa-se mediante uma catequese estruturada em diferentes estágios e níveis. A instrução religiosa, voluntariamente aceita pelo preso, busca sua fundamentação no coração e na conduta, pois o Evangelho, mais do que um dogma ou uma doutrina, é uma moral a ser vivida e praticada; foi escrito e proclamado exatamente para isso, para ser vivido, e antes de ser escrito foi vivido pelos primeiros cristãos.

Ministério da Palavra

É através da homilia, da catequese e dos cursos de formação que se exerce o ministério. Não é especificidade dos clérigos, mas também dos apóstolos, profetas, catequistas, professores. O apóstolo conhece e vive o Evangelho. Somente assim o poderá transmitir. O profeta, intérprete da vontade de Deus, sabe descobrir os sinais dos tempos e

---

[*] Cf. CNBB; Coordenação Nacional da Pastoral Carcerária. *Elementos para uma Pastoral Carcerária.* São Paulo, Loyola, 1989. (N.T.)

dos acontecimentos, propondo atitudes compatíveis aos mesmos. O catequista ministra a doutrina de maneira sistemática. O professor ministra cursos sobre a Bíblia, a teologia e as ciências religiosas.

A força da religião

As atividades basilares da Pastoral Carcerária centram-se na instrução religiosa e na assistência moral e espiritual ao preso. A força da religião é insubstituível, a primeira e mais eficaz para a conversão da vida do preso. Assim o propõe a Igreja:

> Mesmo com as reformas penitenciárias, jamais os frios parágrafos da lei e regimentos exteriores poderão atingir a finalidade da execução da pena, qual da emenda do culpado, preservando-o de uma catástrofe moral. Para tanto, a compreensão humana e a força sobrenatural da religião, cujo ministro é o sacerdote, são imprescindíveis.[1]

Assim também o reconhece o Estado: "Se a religião, como princípio educativo, é necessária para aperfeiçoar o ser humano, é fácil imaginar quão imprescindível é sua benéfica influência entre os delinqüentes como instrumento de reforma interior dos mesmos".[2] De igual forma o afirmam os penitenciaristas: "O primeiro meio de moralização dos presos é a religião; é o único que pode produzir e fortalecer sobre a probidade moral a probidade virtuosa".[3] "Talvez rotulem-me de exagerado e otimista, porém, não há exagero nem otimismo. Com pessoal idôneo e com experiência no serviço religioso poder-se-á conseguir muito progresso nos estabelecimentos penais."[4] "Um sistema penitenciário que responda aos anseios hodiernos pressupõe um regime de assistência moral, religiosa, social e de educação intelectual."[5] Assim também o testemunham os próprios presos: "Por que sentia antes minha imaginação tão perturbada, e agora, minha alma tão serena? Será, talvez, devido a esta mudança feliz de ter fortalecido minha crença em Deus? Sem dúvida alguma,

---

[1] Pio XII. Discurso a los capellanes carcelarios, 16 nov. 1947. *Documentos Penitenciarios Pontificios*, n. 6.

[2] Espanha. Ministerio de Justicia. *Delitos, penas y prisiones*. Madrid, 1963, p. 114.

[3] Canalejas, José. M. Presídios escuela. *Revista de Estudios Penitenciarios*, Madrid, n.180, p. 369, 1968.

[4] Cadalso, Fernando. *Estudios penitenciarios*. v. 1. Madrid, Góngora, 1893, p. 57.

[5] Cuello Calón, Eugenio. *La moderna penología*. Barcelona, Bosch, 1973, p. 267.

foram os benéficos efeitos da religião".[6] Um preso profundamente religioso pode ser feliz na prisão:

> Quem duvidará que a vida em liberdade é mil vezes mais agradável que a no cativeiro? Contudo, também na miséria da prisão, quando nela se pensa que Deus está conosco, em que as alegrias do mundo são efêmeras e que o verdadeiro bem-estar está na consciência e não nas exterioridades, pode-se sentir a vida prazenteira.[7]

Silvio Pellico, de quem são as afirmações anteriores, registra também a inscrição que encontrou na parede de sua cela na prisão de Santa Margarita, de Milan: "Bendigo a prisão porque graças a ela pude conhecer a ingratidão do ser humano, minha própria miséria e a infinita bondade de Deus".[8]

Alguns testemunhos de pessoas sobre o que a religião significa para elas: "A religião representou para mim uma forma de liberdade com a qual pude suportar melhor as violências psicológicas e físicas por parte dos presos"; "Privado da liberdade ela se torna mais urgente, exercendo uma grande ajuda, trazendo tranqüilidade nos momentos difíceis"; "Um grande consolo e ajuda espiritual dentro de minha desgraça"; "Um consolo. Sem ela, a vida seria insuportável"; "Um facho de luz neste poço"; "Representou para mim encontrar a fé que havia perdido, e que por este motivo me encontro privado da liberdade".[9]

A eucaristia

O culto litúrgico representa poderoso recurso de formação espiritual, religiosa e humana dos presos. Os atos litúrgicos precisam adaptar-se às circunstâncias da prisão. A celebração da eucaristia constitui o ato semanal mais relevante da Pastoral Carcerária. Precisa ser bem preparada e dar-lhe a importância que merece. Precisa-se motivar o preso para a celebração dominical. Celebrada com paz, alegria, serenidade e calmamente. Exima-se o sacerdote nesse dia de qualquer compromisso que venha tolher-lhe a calma e serenidade.

---

[6] PELLICO, Silvio. *Mis prisiones.* Barcelona, Reguera, 1946, p. 9.

[7] Ibid.

[8] Ibid., p. 14.

[9] MARTÍN NIETO, Evaristo. *Corintios XIII*; revista de teología y pastoral de la caridad, n. 41, pp. 262-267, jan./maio 1987.

O sacramento do amor

A eucaristia é o momento da solidariedade e do amor. Sua celebração na prisão, onde há tanto desamor, serve para manifestar e para viver o amor cristão intensamente. Se a característica do cristão é o amor, na eucaristia o mesmo encontra a expressão máxima desse amor. Os presos precisam testemunhar que o que vamos celebrar com eles, cremos realmente neste amor e que lhes oferecemos amor com absoluta lealdade e sem reserva alguma. Convém que a missa seja assistida por um grupo de voluntários, aproveitando o tempo livre que lhes proporciona o dia festivo. A liturgia é uma festa e seria interessante que a missa se prolongasse na capela com cânticos religiosos, poesias, áreas musicais, falando, cantando, compartilhando. Espaço e tempo que servem de lenitivo ao espírito dos presos. Momentos preciosos para fortalecer os laços de união da comunidade cristã e praticante de presos.

Participação ativa

Eucaristia, instante de encontro entre todos e todos com Deus. Tudo preparado e organizado, oferecendo, porém, espaço para reflexões pessoais após as leituras bíblicas. O protagonismo mesmo na capela pertence ao preso. Nela, se assim o deseja, pode manifestar-se aberta e espontaneamente, sem cortes, apenas, como é natural, com a seriedade e sacralidade da ação que se realiza. Pode participar, não só na homilia, mas também na oração dos fiéis, onde caberiam referências às necessidades gerais da casa e aos problemas públicos e conhecidos que afetam a tal ou qual pessoa e a seus familiares. Inclusive pedir publicamente perdão pelos próprios pecados e crimes. Se o sacerdote que preside a celebração entoa, em voz alta, o *mea culpa* por tal ou qual pecado próprio, poderá dar espaço para os demais seguirem seu exemplo. Essa postura de humildade e de descarga de consciência, feita publicamente, serve de desafogo espiritual e psicológico para quem o faz e de edificação para os que escutam, podendo contribuir para que alguém se decida a empreender o caminho da conversão e da reconciliação. Na eucaristia não se pode escutar unicamente a voz do sacerdote num monólogo solitário; não precisa temer o deixar falar a quem quiser, mas, muito pelo contrário, cabe animá-lo a falar. A eucaristia é um banquete; assistir passivamente, sem participar dela de maneira ativa, é como participar de um banquete sem falar nem comer. Que sentido pode isso ter?

Liberdade e facilidade para assistir

De quando em quando, e dentro de uma ampla liberdade que nos permite a liturgia, celebre-se a missa votiva dos presos com leituras bíblicas apropriadas. Ultimamente, a celebração da eucaristia sofreu mudanças substanciais. Felizmente, já não se assiste a ela passivamente e a toque de caixa. Agora vai quem quer e, graças a Deus, sem a presença obrigatória de funcionários como mantenedores da ordem e da disciplina. Essa celebração não é um ato regimental, mas religioso, ao qual assistem os cristãos, homens e mulheres de fé, coerentes com suas crenças. Não carece, portanto, de proteção e vigilância nenhuma. É aconselhável que se convidem também os funcionários católicos, pois também para eles se a celebra. Surpreende hoje não contar com a presença de nenhum funcionário. E isto surpreende aos próprios presos. O estabelecimento deve oferecer a todos, presos e funcionários, facilidades para cumprir esse dever religioso. Todos os presos que o solicitem, seja qual for sua situação penitenciária, tem o direito de assistir a esse ato litúrgico, direito cujo exercício deve ser facilitado e nunca proibido pelos funcionários, com exceção lógica das eventuais prescrições jurídicas.

Sacramento de reconciliação

Não há nenhum espaço mais apto e propício para celebrar o sacramento da reconciliação do que a prisão. Nela os presos sofrem, cumprindo as penas impostas pelo juiz. Por isso as prisões chamam-se também penitenciárias. O cumprimento da pena, o arrependimento e o propósito da emenda constituem os três pilares da reabilitação, da reconciliação e da reinserção. Além da reconciliação pessoal através da confissão individual, aproveitem-se os tempos fortes da liturgia — advento, quaresma, semana santa — para celebrar atos penitenciais comunitários, os quais, preparados com carinho e profundidade, podem ser precedidos de palestras e meditações, até mesmo de exercícios espirituais apropriados. A confissão pública dos pecados públicos e sociais não é novidade na Igreja, feita de forma livre e espontânea, com seriedade e gravidade requeridas, pode levar a um crescimento em nível individual e coletivo.*

---

* Haja, contudo, reservas e cuidados para que essas atitudes não constranjam os presos a ferirem o seu código de ética, o que poderia trazer conseqüências nefastas e perigosas. (N.T.)

Oração comunitária

Santa Teresa dizia que rezar é falar de amor com aquele que sabemos que nos ama. Nós acrescentamos que rezar é também falar de perdão com aquele que sabemos que nos perdoa. Falar de amor e de perdão em comum é algo assim como se desnudar psicologicamente em público, manifestar abertamente as carências de amor que alguém tem, expor as próprias mazelas e maldades praticadas, pelas quais é merecedor de punição e pelas quais pede perdão. Esse tipo de oração comunitária favorece a libertação, a mudança de vida.

O sacramento do matrimônio

A Pastoral Carcerária não propicia a celebração do sacramento do matrimônio na prisão. É preferível aguardar para celebrá-lo em liberdade. As estatísticas revelam alto índice de separações realizadas na prisão. Porém, se fortes razões tornam inadiável esta celebração na prisão, deve ser feita com a solenidade que exige a dignidade do sacramento e com o devido acompanhamento dos requerentes. Se não for possível fazê-lo na capela do estabelecimento penal, faça a capelania conseguir que o interno ou a interna o celebre fora, com as devidas autorizações de saída. Para isso, estão previstas no regulamento e na lei de execução penal autorizações extraordinárias, pois contrair matrimônio é um dos acontecimentos mais transcendentes na vida de uma pessoa. A capelania, quando assim o julgar oportuno, poderá assumir a responsabilidade requerida.

2. Atividades de ordem política

Direitos e deveres

Uma das missões da capelania é levar ao conhecimento dos presos, de forma objetiva, clara e isenta de toda demagogia, seus direitos e deveres. Motivá-los para que ao mesmo tempo que exijam o exercício de seus direitos, cumpram igualmente com seus deveres. Esta foi uma das conclusões do I Congresso Nacional da Pastoral Carcerária: "Que os presos possam exercer todos os seus direitos, mas que também cumpram com os seus deveres. Que a todo preso se lhe dê uma informação escrita de seus direitos e de seus deveres, e que isso seja posto logo em prática".[10]

Lembrar que "A fonte dos direitos é o dever. Ao cumprirmos nossos deveres, não estarão distantes os direitos. Se, descuidando de nossos deveres, corremos atrás de nossos direitos, estes nos fugirão como um fogo-fátuo. Quanto mais os perseguimos, mais se distanciam".[11]

Com essas premissas presentes, a Pastoral Carcerária ajuda os presos para que possam exercer os direitos fundamentais que a Constituição lhes garante: "O condenado a penas de prisão, que esteja cumprindo a mesma, gozará dos direitos fundamentais deste capítulo, a exceção dos que estejam expressamente limitados pelo conteúdo da sentença cominada, o sentido da pena e a lei penitenciária" (art. 25, 2).

Goza, portanto, o preso de todos os direitos humanos, exceto os diretamente atingidos pela sentença.

> O condenado que recolhido na prisão cumpre a pena cominada, não só tem deveres a cumprir; é também sujeito de direitos que serão reconhecidos e amparados pelo Estado. O preso não é um *alieni juris*, não está fora do direito, está numa relação de direito público com o Estado e, descartados os direitos perdidos ou limitados pela condenação, sua condição jurídica é igual à das pessoas não condenadas.[12]

"O preso é portador de direitos humanos inerentes à pessoa, que devem ser respeitados para que não sofra grave dano da dignidade humana que sempre o acompanha enquanto pessoa."[13] Isso é a teoria, pois, na realidade, o condenado fica privado de muitos direitos e são poucos os que gozam integralmente de todos seus direitos.[14]

---

[10] Conclusiones del I Congreso Nacional de Pastoral Penitenciaria. *Corintios XIII*; revista de teología y pastoral de la caridad, n. 41, p. 178, jan./maio 1987.

[11] GANDHI. In: ORGANIZAÇÃO DAS NAÇÕES UNIDAS. *El derecho de ser hombre*. Madrid, Tecnos/Unesco, 1984, p. 178.

[12] CUELLO CALÓN, Eugenio. *La moderna penología*. Barcelona, Bosch, 1973, p. 262.

[13] SETIÉN, José María. El preso, una persona humana, carta pastoral, Obispado de San Sebastián, jan. 1990.

[14] Cf. La voz de los presos, em *Corintios XIII*; revista de teología y pastoral de la caridad, nn. 27/28, jul./dez. 1983, apresenta longa lista de direitos humanos que, segundo os presos, não existem nas prisão.

A capelania apóia os presos em suas justas reivindicações: compromete-se, junto aos defensores dos direitos humanos,* em transformar as estruturas atuais penitenciárias em conformidade com os postulados da Declaração Universal dos Direitos Humanos e dos critérios evangélicos. É muito fácil proclamar os direitos dos presos e denunciar a conculcação dos mesmos — e isso o fará sempre —, contudo, há que proclamar também a obrigação de cumprir os deveres jurídicos, penais, penitenciários, sociais e morais que a pena da prisão impõe. O cumprimento de uns e de outros será a maneira mais simples de cumprir a pena e, ao mesmo tempo, de se aproveitar de todas as possibilidades que a prisão oferece para empreender uma nova vida em liberdade.

Denúncia profética

O profeta é um homem de Deus, intermediário entre Deus e os seres humanos, que, em certas ocasiões, não pode calar-se. A capelania tem também nas prisão uma missão profética. Um dos fundamentais deveres do profeta é denunciar as injustiças sociais. Esta será uma das missões da capelania: denunciar as injustiças que eventualmente podem surgir nas prisões. Contudo esta denúncia deve ajustar-se às normas:

1) constatar a injustiça e não se ater ao que se diz. Ter provas claras da injustiça cometida ou que se está cometendo;

2) utilizar as fontes adequadas e evangélicas: procurar resolver em particular, entre o causador e a vítima da injustiça; se nem assim houver solução e/ou reparação de vida, apelar para instâncias superiores; se nem assim houver solução, apelar para os órgãos diretivos da prisão e, em última instância, para a Direção Geral de Instituições Penitenciárias;

3) somente depois de recorrer a todas essas instâncias, sem resultado efetivo, dirigir-se aos meios de comunicação após anuência das autoridades eclesiásticas diocesanas. Se a injustiça é pública e coletiva, apelar logo à direção do centro.

---

* No Brasil, as Comissões de Defesa dos Direitos Humanos. (N.T.)

3. Atividades de ordem assistencial

Ação caritativa

A caridade é a alma de todo o apostolado. Sem amor não há cristianismo. O cristianismo parte de que Deus é amor e se rege pelo novo mandamento. Proclama que o que não ama o próximo não ama a Deus, e que o amor ao próximo deve exercer-se de maneira prática. O amor abstrato não é amor, mas pura enteléquia. Há os que, por não terem amor prático, porque praticamente não amam ninguém, crêem amar a Deus. A prática do amor cristão chega à partilha de bens. A capelania se preocupa de prover as necessidades materiais dos presos e de seus familiares. Para tanto, cria um fundo econômico, alimentado com doações voluntárias de indivíduos e de instituições. Importante coletar roupas para serem distribuídas entre os presos e seus familiares mais necessitados.

Colaboração com a assistência social

A capelania atua em sintonia e colaboração com os serviços de assistência social da prisão. O que necessita, peça. E o preso pede muito, porque precisa muito; pede a mesma coisa para uns e outros, porque não confia plenamente em ninguém e porque pedindo a muitos, certamente alguém o atenderá. Quase tudo quanto pede, cai na área da assistência social; a capelania deve estar coordenada com aquele serviço. Descartado o ciúme de uns e outros e guiados todos pelo bem dos presos, vinculados igualmente aos organismos da administração, da sociedade e da Igreja, que têm competência nesse campo, e aos que têm que pedir mais consideração pelos presos e suas famílias, que são sempre as mais esquecidas, se conseguirá muito mais e se evitarão possíveis interferências.

Assistência penitenciária

O apóstolo penitenciário é um constante provedor do preso em qualquer situação que este se encontre. Os presos sempre levam a pior. Por isso, deve-se ajudá-los em tudo: que sejam atendidos em suas petições, se reconheça sua verdade, se lhes apliquem generosamente os benefícios penitenciários — progressão de regime, autorizações de saídas temporárias, unificação de penas, indulto, livramento condicional — e se lhes conceda perdão. Ainda que o preso seja culpado, e ele mesmo assim o reconheça, trate-se de lhe aplicar uma sanção regimental justa, advogue-se em favor dele, mostrando que será melhor perdoar que castigar ou, ao menos, moderar ao máximo possível a punição, destacando: 1) que Cristo nos mandou perdoar sempre; 2) que todos, afinal, necessitamos de perdão, porque na realidade somos pecadores, delinquentes.

Também representa uma obrigação moral da capelania informar oralmente ou por escrito, com a devida solicitude, as equipes de observação e classificação em favor dos presos submetidos à classificação.

Assistência jurídico-penal

Algumas atividades que a capelania pode realizar no campo jurídico-penal: 1) Obter informação sobre a situação do processo; 2) Fazer gestões para que a causa ou processo caminhe, e não se prolongue em demasia a situação preventiva ou provisória, para que "os juízes sejam diligentes e cuidadosos em despachar os pedidos. E que aos presos dêem maior atenção e consideração";[15] 3) Interceder junto aos juízes e magistrados para que moderem a justiça com a misericórdia, pois "a última e definitiva justiça é o perdão",[16] a perfeição da justiça está na misericórdia. Deus, que é a própria justiça, é a infinita misericórdia; 4) Suplicar indulto, assim como a reinserção, para o preso verdadeiramente arrependido; 5) Atentar ao poder judicial sobre a conveniência de que os juízes e magistrados peçam às prisões, em vez de um parecer oral, um "informe humano" dos delinquentes, sobretudo dos jovens primários, em consideração de sua condição como tais.[17] Oxalá a capelania contasse com advogados cristãos comprometidos, que primassem para defender gratuitamente os presos pobres, como o grande penitenciarista Cerdán de Tallada, que agradecia a sua majestade o rei, o qual, no ano 1568, lhe fez a mercê de "servir de ofício de advogado dos miseráveis, dos quais não há ninguém que mais o seja que o triste miserável preso".[18]

---

[15] Sandoval, Bernardino de. *Tratado del cuidado que se debe tener de los presos pobres*. Toledo, Casa de Miguel Ferrer, 1564, p. 41.

[16] Unamuno, Miguel de. *Vida de Don Quijote y Sancho*. Madrid, [s.n.], 1985.

[17] Cf. I Congreso Nacional de Pastoral Penitenciaria. *Corintios XIII*; revista de teología y pastoral de la caridad, n. 41, jan./maio 1987.

[18] Cerdán de Tallada, Tomás. *Visita de la cárcel y de los presos*. Valencia, Pedro de Huete, 1574, pp. 2-3.

Ajuda ao egresso

O egresso precisa de ajuda nos seus primeiros passos em liberdade, na busca de emprego, na vontade para não desfalecer ante as dificuldades e para não voltar a delinqüir. Muitos egressos não têm ninguém por eles, não sabem aonde ir. A Pastoral Carcerária deveria contar com uma assistência organizada e integrada para famílias cristãs que estejam dispostas a compartilhar seus bens e acolher em sua casa esses irmãos desfavorecidos, pobres, que, como Cristo, não têm onde reclinar a cabeça. Tratar-se-ia de uma espécie de adoção temporária, de acolher como um membro da família, até que consiga abrir caminho na sociedade. Porém, onde estão esses cristãos?

"Para esses cristãos e filantrópicos, os presos egressos são verdadeiros empestados. Quem desses fariseus lhe brindará sua casa e lhe dirá sinceramente: aí tens uma casa, aí tens um trabalho, senta-te à nossa mesa, faze parte de nossa família?"[19] Aqui o pedido de um preso de Burgos: "Aos cidadãos pedimos que nos esperem de braços abertos, que criem instituições onde nos preparem para evitar a rejeição da sociedade... que nos concedam o direito de ser cidadãos, com todos os benefícios e com o mesmo tratamento".[20] E estas palavras de Pascal, preso de Salamanca:

> Vejamos a parábola do filho pródigo: o filho, ao ver a acolhida faustosa do pai, pede perdão por sua vida passada e se converte no homem reto e trabalhador que todos desejam. Porém, como teria reagido esse homem, que, compreendendo os erros cometidos, volta depois de ter passado múltiplas necessidades, se o pai tivesse mandado que fosse expulso de suas propriedades? Como espera a sociedade que reajam os homens que voltam da prisão, se, ao invés de encontrarem um pouco de calor e de compreensão, são isolados e, além disso, conclui-se que deles se espera que voltem ao crime? Mais de setenta e cinco por cento voltarão de novo a delinqüir.[21]

O egresso necessita de uma acolhida generosa e compreensiva. Precisa-se fomentar a criação de centros de acolhida e acompanhamento nas paróquias e nos bairros.

---

[19] KROPOTKINE, P. *Las prisiones*. Traducción y notas de J. Martínez Ruiz. Valencia, Imprenta Unión Tipográfica, 1897, p. 16.

[20] *Corintios XIII*; revista de teología y pastoral de la caridad, nn. 27/28, p. 306, jul./dez. 1983.

[21] Ibid., p. 325.

As palavras do Senhor "estava na prisão e fostes me ver" obrigam não apenas aqueles aos quais foi confiado o cuidado imediato do condenado, mas também a própria comunidade da qual ele era e continua sendo membro. Esta deveria treinar para estar disposta a acolher com amor aquele que volta à liberdade.[22]

É uma vergonha para o Estado, para a sociedade e para a Igreja que haja pessoas, que, por falta de acolhida e de recursos econômicos, se tornem autoras de crimes que não cometeram com o fim de reingressarem à prisão, onde se encontram melhor que em liberdade. Que terrível situação daqueles três egressos que retornam à prisão de onde haviam saído para pedir que sejam readmitidos. Queriam voltar à prisão porque não queriam delinqüir novamente e a sociedade os rejeitara, não os admitia porque levavam o estigma de ter sido presos.[23]

É notório que a capelania se preocupa muitíssimo com os presos enquanto estão na prisão, porém, abandona-os quando saem em liberdade.

Em toda parte apreciam-se os desejos de melhorar a sorte do preso, de ajudá-lo, de integrar entidades de visitadores. Porém, o preso voltando à liberdade, os mesmos que manifestavam grande interesse por ele na prisão e de procurar-lhe ocupações, voltam-lhe as costas agora livre e pouco fazem para livrá-lo da reincidência na qual certamente cairá, porque se carece de meios para viver e não os encontra no trabalho, os buscará no delito.[24]

Triste realidade, mas absolutamente certa. A liberdade é pior que a prisão. Uma penitenciarista norte-americana, Bales, proferiu uma frase que, se verdadeira, seria monstruosa: "A verdadeira condenação do delinqüente começa quando ele recobra a liberdade". Não brada ao céu que isto se possa dizer?[25] O preso em liberdade encontra-se novamente prisioneiro, depois da prisão, na qual a sociedade, todos

---

[22] Pio XII. Discurso aos juristas católicos italianos, 6 dez. 1955. *Documentos Penitenciarios Pontifícios*, nn. 33-34.

[23] García Martín, J. *Por una conciencia social penitenciaria*. Madrid, [s.n.], 1908, p. 614.

[24] Cadalso, Fernando. *Diccionario de legislación penal, procesal y de prisiones*. Madrid, J. Góngora Álvarez, 1908, p. 614.

[25] García Martín, J., op. cit., p. 13.

nós, nos tornamos seus novos carcereiros. Ninguém acolhe o egresso, só o acolhe seus antigos companheiros de infortúnio: "O preso tão logo volta à liberdade une-se aos seus antigos companheiros, que o recebem como irmão, desse modo entra novamente na corrente que o levou anteriormente à prisão".[26] Nós nos encontramos, pois, diante da lei do eterno retorno, do crime organizado que envolve em suas redes o egresso. O que são, retornarão a sê-lo.

Cabe a pergunta: Por que o Estado não admite nas empresas públicas ao menos um tanto por cento desses egressos? E por que não fazem o acompanhamento na saída, para obtenção de documentos etc.?

Colaboração com a educação

A capelania deve colaborar com os educadores e a Pastoral Carcerária com todas as atividades que se consideram necessárias para o perfeito desenvolvimento da pessoa.[27] Todas as atividades educativas, culturais, esportivas influenciam no aprimoramento mental. As atividades da capelania desenvolvem-se também nesse campo. Cabe-lhe somar possibilidades e meios com os oficiais do estabelecimento, pois assim mais facilmente se obterão êxitos. Concretiza-se essa colaboração da seguinte forma: contato com profissionais de esporte, organização de competições esportivas, promoção de eventos culturais, elaboração de um programa de recreação: cinema, teatro, exposições, vídeo, música, reuniões, palestras, seminários etc.

Colaboração no tratamento

Colaborará, a capelania, com as equipes de tratamento. O que mais convive com o preso será o mais capacitado para levar adiante o processo de tratamento. Os membros da capelania estão em contato com o preso. Para isso adentram a prisão. O convívio leal e sincero, sem receio algum, propicia um conhecimento objetivo daquele de quem se trata. O conhecimento orienta na aplicação de medidas aptas para conseguir a reeducação. Tanto as equipes de tratamento como as da capelania devem estar interessadas na comunicação de experiências sociais, de dados que conduzam à elaboração de um projeto de tratamento que seja aplicado, conjuntamente, por todos os funcionários e colaboradores da casa. Disso se deduz a necessidade

---

[26] KROPOTKINE, P., op. cit., p. 16.
[27] Regulamento Penitenciário, art. 181.4.

de haver membros das capelanias integrando equipes oficiais de tratamento, e que a direção do centro promova encontros com todos que trabalham no processo para refletir juntos sobre o mesmo.

Trabalho supletivo

Se a capelania atua nas áreas culturais e assistenciais não é por mero capricho, mas porque assim o solicitam os presos e suas famílias, e porque assim o exige o Evangelho e a missão do apóstolo. Põe-se em prática o princípio de subsídio e de suplência: fazer o que ninguém tem obrigação de fazer, o que ninguém quer fazer, o que ninguém faz.

Apóstolos penitenciários itinerantes

A Pastoral Carcerária necessita de apóstolos itinerantes, pessoas liberadas que percorram a penitenciária proclamando de maneira viva e testemunhal a força libertadora do Evangelho. Algumas equipes de missionários que crêem no Evangelho e amem de todo coração os presos, organizem uma "semana penitenciária" na prisão e na cidade: com a população carcerária, com os funcionários, com as paróquias, com a diocese e, sobretudo, com a capelania da prisão, a qual irá mantendo, alimentando e fomentando o zelo apostólico.

Textos

"Howard insistiu vivamente na necessidade da assistência religiosa. 'Em todas as prisões — escrevia — é necessária uma capela'. Para Kroshne, 'sem religião não é possível atingir o fim moral da execução penal, a educação e a reforma dos punidos...' Tollack e Cuche também consideram a religião um meio insubstituível de educação moral. 'A experiência ensina que a religião é o melhor veículo da moral'. 'A experiência — diz Kriegsmann — tem demonstrado que a influência religiosa que se pode exercer sobre o preso tem, com mais freqüência que o desejado, maior eficácia quando se exercita sobre presos jovens, mais acessíveis, em função da idade, à influência religiosa.'" (Eugenio Cuello Calón, *La moderna penología*, [A moderna penologia] Barcelona, Bosch, 1973, pp. 395-397.)

"Pensava nos amigos que ignoravam meu encarceramento... Quem dará força aos meus pais para resistir a essa contrariedade horrível? Uma voz interior me dizia: Aquele que valorizou a mãe para seguir o seu Filho até o Calvário e para permanecer ao pé da cruz. O amigo dos infelizes, de todos os mortais. A partir daquele momento a religião triunfou em minha alma e é ao amor que devo este benefício." (Silvio Pellico, *Mis prisiones* [Minhas prisões], Barcelona, Reguera, 1946, p. 8.)

"O importante é 'Amar a Deus sobre todas as coisas e ao próximo como a ti mesmo'. Na prisão decidi finalmente admitir esta conclusão, e assim o fiz. Titubeei um pouco ao pensar que, se alguém chegasse a saber que me tornara mais religioso que o fora, teria o direito de me considerar um hipócrita. Dando-me, porém, conta de que não era portador de nenhuma dessas péssimas qualidades, resolvi não fazer caso das possíveis injúrias imerecidas e declarar-me daqui por diante um bom cristão." (Ibid., p. 9.)

"À idéia da Igreja vai unida a de casa, da família e, especialmente, a de mãe e filho. E quando as cerimônias de culto e as orações são contempladas pelos presos, ainda que no recinto sóbrio de prisão, todos, salvo raras exceções, abrem seu coração àqueles sentimentos e sua inteligência àquelas idéias que caem qual benéfico orvalho sobre a consciência do culpado." (Fernando Cadalso, *Estudios penitenciarios* [Estudos penitenciários], v. 1, Madrid, Góngora, 1893, p. 57.)

"Seguidamente ocorre que o preso paga sua dívida com a sociedade pela extinção da pena, encontrando-se, ao sair da prisão, com a prevenção que sua culpa passada criou e, talvez, com a repulsão das pessoas; e não tendo por ele facilidade para proporcionar-lhe trabalho necessário para atender a sua subsistência, em sua delicada situação, fica predisposto a voltar a delinqüir." (Fernando Cadalso. *Diccionario de legislación penal procesal y de prisiones*, Madrid *[Dicionário de legislação penal processual e de prisões]*, J. Góngora Álvarez, 1908, p. 614.)

"Tão logo um preso retorna à liberdade, vai ajuntar-se aos seus companheiros de infortúnio, que o recebem como um irmão; e assim volta à vida que o levou à prisão." (P. Kropotkine, *Las prisiones* [As prisões], Valencia, Imprenta Unión Tipográfica, 1897, p. 16.)

"O essencial seria exercer sobre libertos uma ação protetora e vigilante, fora já da prisão [...] Uma fundação ou organismo que lhes proporcionasse roupa, trabalho, meios, enfim, para assumir uma vida digna, sem sentir-se humilhados nem escarnecidos. Algo que sem publicidade nem alarde ajudasse essas pessoas nesses dias tão decisivos para seu futuro e que poderão enlaçar seu ontem com seu amanhã num elo de caridade no hoje de suas necessidades morais e materiais." (C. García Bellver, Yo he visitado a un preso [Eu visitei um preso], *Revista de Estudios Penitenciarios*, Madrid, n. 84, p. 59, mar. 1952.)

"Procurarão os advogados com todo cuidado para não enredar convênios ou contratos procurando que se alarguem e durem, vendo que suas partes não têm justiça, porque pecam moralmente e são obrigados a restituir todos os danos que se seguirem. Percebam que os presos pobres não poderão pagar, pois de nenhuma pessoa podem receber paga por defender sua causa como a que lhes dará nosso Senhor por ser defensores de pobres." (Bernardino de Sandoval, *Tratado del cuidado que se debe tener de los presos pobres*. [Tratado do cuidado que se deve ter com os presos pobres], Toledo, Casa de Miguel Ferrer, 1564, pp. 42-43.)

"Busca a eqüidade, não oneres com o rigor da lei o delinqüente, pois não é maior o prestígio do juiz rigoroso do que a do compassivo. Se dobrares a vara da justiça, não seja com o peso da dádiva, mas com o da misericórdia. Ao culpado que cair sob tua jurisdição, considera-o homem pobre, sujeito às condições da nossa depravada natureza, e em tudo que puderes, mostra-te piedoso e clemente, porque ainda que os atributos todos de Deus sejam iguais, mais resplandece o da misericórdia que o da justiça." (Miguel de Cervantes. *Don Quijote de la Mancha II* [Dom Quixote de la Mancha], p. 42.)

Questionário

- Fazer uma pesquisa sobre o que significa a religião na própria consciência e como ajuda os presos na prisão.
- Fazer uma pesquisa sobre a influência do respeito humano para ocultar a fé em Jesus Cristo.
- Que cerimônias litúrgicas, que atos de culto, que orações públicas se fazem na prisão?
- Que participação têm os presos na celebração da eucaristia?
- Que grau de moralidade, de imoralidade e de amoralidade existe na prisão?
- Que ajuda material presta a capelania aos presos?
- Que gestões realiza a capelania ante os juízes e magistrados, ante o poder judicial e ante a Secretaria de Justiça?
- Há algum advogado na equipe da Pastoral Carcerária?

- Ocorrem injustiças na prisão? Se existem, a capelania as denuncia? Como as denuncia?
- A capelania, através de algum de seus membros, especialmente do capelão, sai em defesa dos presos perante a Junta de Regime?
- A quantos tem defendido?
- Que acompanhamento oferece a Pastoral Carcerária aos egressos? Desvincula-se deles ao sair da prisão?
- Que centros de acolhida existem na diocese, na paróquia? Que faz a Pastoral Carcerária para criar esses centros de acolhida?
- A Pastoral Carcerária está integrada na programação da Pastoral Geral da Diocese? Existe na diocese uma delegação episcopal ou um secretariado da Pastoral Carcerária?
- As paróquia mantém algum contato com os presos de sua comunidade? Que relação mantém a capelania com as paróquias?
- Ajuda-se efetivamente os egressos nos seus primeiros passos em liberdade?
- Que famílias cristãs são capazes de adotar temporariamente um egresso pobre?
- Que pensa a capelania sobre o específico e o prioritário da Pastoral Carcerária?

CAPÍTULO 7

COMO SE FAZ A PASTORAL CARCERÁRIA

1. Organização

Uma macroparóquia

A prisão é a paróquia com mais problemas e mais necessidades da diocese, é uma macroparóquia. Estima-se que uma prisão de duzentos presos equivale a uma paróquia de quinze mil paroquianos. Trata-se de uma paróquia composta integralmente de marginalizados, dos mais pobres, dos que passam fome, dos que clamam por justiça, dos que choram, dos que são perseguidos; uma paróquia com mil problemas. A capelania da prisão realiza sua missão em nome da Igreja universal, da Igreja diocesana e da Igreja local.

Ministério carcerário

A evangelização na prisão, o serviço aos presos com tudo o que isto representa, é um ministério eclesial, que encontra suas raízes no povo de Deus do Antigo Testamento e que se desenvolve na Igreja nascente como um postulado fundamental do Evangelho. É um serviço que pertence à essencialidade da Igreja, que se vem realizando de uma forma estável e continuada por membros da Igreja enviados oficialmente para essa missão. É uma ação parcial do ministério único de Jesus Cristo, o servo de todos, o "diácono" perfeito, ministro do Pai e dos seres humanos e, de forma especial, dos pobres, dos oprimidos e dos presos (Lc 4,18-19). A primeira comunidade cristã de Jerusalém, sob a assistência e a inspiração e ação do Espírito

Santo, pôs em marcha este ministério: Pedro está preso e toda a comunidade ora por ele, sentindo-se encarcerada com ele (At 12,5); esta deve ser a atitude da Igreja, atender às palavras de Cristo (Mt 25,36). Disso se deduz que desempenhar este ministério carcerário é um direito e um dever da comunidade. Assim o entendeu e praticou a Igreja através da história. Os que exercem este ministério o fazem comunitariamente, em nome de Cristo, em nome da comunidade eclesial e como enviados pelo bispo diocesano. Ninguém anda por livre iniciativa e menos ainda como franco-atirador.

Os dirigentes da Igreja diocesana

A Pastoral Carcerária ocupa o posto que lhe corresponde no marco da Pastoral Geral da Diocese, com a devida representação nos órgãos colegiados da mesma. A Pastoral Carcerária informará os dirigentes da Igreja diocesana sobre os problemas da prisão, dos presos e dos egressos de suas famílias. Só com essa informação objetiva, a pastoral poderá ter uma atuação eficaz dentro do planejamento de conjunto. A prisão deveria contar não apenas com a visita canônica, mas também com outras visitas pastorais dos responsáveis diocesanos para conhecer *in situ* esses problemas. Conveniente seria que alguns documentos episcopais, alguma carta pastoral, fossem dirigidos diretamente aos presos e suas famílias.[1] Fique, portanto, patenteada a responsabilidade do bispo de que toda problemática do mundo carcerário afeta a Igreja diocesana e deve resolver-se por uma ação solidária e caritativa dos diversos serviços com que conta a diocese. Bernardino de Sandoval escrevia no século XVI: "O bispo deve preocupar-se com os presos pobres e prover-lhes as necessidades; e se isto não o fizer, vão é o nome que traz [...] Não merece o nome de bispo o que não o faz [...] pois os bispos terão que ser pais dos pobres, e entre os pobres não há outro mais triste nem mais pobre do que o preso".[2]

As paróquias

A capelania da prisão está em contato com as paróquias, que informa e motiva para que tome contato com seus paroquianos presos, já que saíram da família paroquial e a ela deverão se integrar. Se há presos que nunca tiveram relacionamento com a paróquia, esta terá

---

[1] Setién, José María, op. cit.

[2] Sandoval, Bernardino de, op. cit., p. 45.

excelente oportunidade para que o tenham, e isso por iniciativa da paróquia, o que poderá influir neles de maneira muito positiva. A atenção da paróquia deve-se dirigir muito especialmente às famílias dos presos e acolher o egresso, ajudando-o em seus primeiros momentos de liberdade e oferecendo-lhe acompanhamento humano e evangélico. Muito há que fazer nesse sentido.

> Nossas comunidades não estão devidamente informadas nem conscientizadas sobre o problema da prisão. Dentro de nossas comunidades paroquiais existe a mesma idéia que predomina na sociedade: que a resposta à delinqüência deve ser a repressão, e o meio idôneo para garantir a segurança do cidadão é a dureza com o delinqüente. O mundo das prisões é um mundo também marginalizado pelas comunidades cristãs.[3]

A capelania no organograma da prisão

Deve-se reconhecer que o Estado dá à Pastoral Carcerária todas as facilidades para atuar. A Igreja goza, neste campo, de liberdade absoluta. Será, portanto, culpa exclusiva da Igreja se não souber usar essas facilidades para levar a cabo uma pastoral renovada.

A capelania é um órgão colegiado dentro do organograma do estabelecimento prisional. Isto significa: 1) a capelania não pode agir ao seu belo desejo e capricho, mas em harmonia com os demais órgãos colegiados e com as diversas atividades dos mesmos. Goza de autonomia e de independência, mas programada de acordo com as normas regimentais do estabelecimento penal e com o atuar dos demais; 2) essa programação será realizada de forma colegiada por todos o membros da capelania.

Programação da Pastoral Carcerária

Todos os agentes da pastoral são membros da capelania. Tudo deve ser programado e realizado em equipe. Antes do planejamento da pastoral dever-se-á ouvir os presos, que são os protagonistas disso tudo e que também devem estar presentes na capelania, com voz e voto. Prestar aos presos os serviços de que eles necessitam e

---

[3] Pagola Elorza, Antonio. La Iglesia diocesana y la prisión. *Corintios XIII*; revista de teología y pastoral de la caridad, n. 41, p. 130, jan./maio 1987.

que eles querem e não os que nos pareçam necessários, pois isso significa estar alienado ao problema do preso. Convém que haja equipes de trabalho de acordo com as diversas áreas em que se desenvolve o apostolado carcerário: evangelização, catequese, assistência social, jurídico-penal, cultural, esportiva, de acolhida e de acompanhamento. O planejamento não será rígido, mas flexível, tanto na formulação como na execução, e revisado continuamente nas reuniões periódicas dos grupos. Todos atuam em nome de Cristo e da Igreja e recebem a missão do bispo.

Pluralismo e unidade

Os objetivos da Pastoral Carcerária são comuns para todos os grupos, não sendo assim para os meios e os modos de ação. Unidade de objetivos e pluralidade de modos. Respeitar os carismas de cada um e abrir caminhos onde estes carismas possam manifestar-se com a maior liberdade possível. Esse pluralismo é sempre enriquecedor, tanto para os presos como para os próprios membros da capelania. O capelão não deve colocar obstáculos para ninguém. São muitos e diversos os caminhos para chegar ao Senhor. O único a ser respeitado e pelo que se deve cuidar é a coordenação de todos na unidade de objetivos planejados. Atuar em harmonia e de acordo no todo, pois sem harmonia e sem união nada ou muito pouco se poderá conseguir.

2. Procedimentos

Primeira entrevista

O encontro pessoal com o preso é primordial. A primeira entrevista com ele, que se deve realizar tão logo ingresse na prisão, é o princípio e fundamento da subseqüente evangelização. Nele empregar-se-á todo tempo que seja necessário. O capelão não se deve deixar antecipar, deve ser o primeiro a contatar com o preso, mesmo quando ainda esteja sob observação. Bom momento este, em que o preso se sente psicologicamente traumatizado, para estabelecer um diálogo de compreensão. É preciso que surja a sinceridade e a confiança plena. Mostrar-lhe que a coisa é grave, porém, não tão grave; que nem tudo está perdido, que nada se perdeu. Levar esperança e otimismo onde, talvez, se esteja abrindo caminho para pessimismo ou desesperança. Conseguir que abra as portas da alma, porém, sem forçá-las, sem vasculhar sua vida interior, com o maior respeito. Deve o preso concluir que pode contar para tudo com o capelão. O interno também deve ser visitado, quanto antes, por algum membro da capelania com o fim de que se sinta ajudado e protegido por toda a equipe de voluntários.

Ainda que a ação apostólica seja de equipe, cada voluntário torna-se responsável por determinados presos: o trabalho deve estar racionalmente distribuído para sua maior eficiência e para evitar interferências.

O diálogo

O apóstolo escuta o preso com paciência e com muita atenção, dando-lhe a impressão de que está fazendo seus os problemas dele. O preso precisa ter alguém com quem desabafar, em quem descarregar sua consciência, em quem poder confiar plenamente. O voluntário, mais que falar, deve começar a ouvir. Os presos têm mais necessidade de ouvidos que os ouçam que de bocas que lhes falem. Deles, freqüentemente se ouve: "Todos te falam, ninguém te ouve". Nada de perguntar a respeito da sua vida e de seu passado e muito menos de seu crime. Se ele desejar manifestar-se e relatar inclusive detalhadamente todos os acontecimentos que deram origem ao seu encarceramento, isto é outra coisa. O apóstolo procure então escutá-lo com prazer e com dor ao mesmo tempo, participando de seus sentimentos, fazendo suas estas manifestações e agradecendo-lhe de coração, pela confiança, que o tenha escolhido para fazer estas confidências. Porém, o que jamais deverá fazer é forçar a consciência do preso, levado por curiosidade ou mesmo por um sadio desejo de identificar-se com ele e assim poder ajudá-lo melhor.

Capelão em tempo integral

Certo é que o voluntário não poderá estar diariamente na prisão, mas também é certo que o preso deve ser diariamente visitado. E irá sê-lo cada dia pelo capelão, em dedicação exclusiva — como o pároco na paróquia —, o qual deverá programar as horas de visita de conformidade com o regulamento da casa, com o fim de que o preso saiba que a Igreja não o abandona em nenhum momento e sempre estará a seu lado. O capelão atende pessoalmente a todas as necessidades que os presos lhe apresentam cada dia; para isso conta com a ajuda dos voluntários, aos quais fará chegar estas necessidades.

Atenção a estas palavras de um preso: "Eu, como preso católico, dirijo-me à Igreja. Nas prisões existem presos que desejam viver uma vida mais conforme a religião e os que ir à missa dominical pouco lhes diz".[4] E estas de outro preso:

> A Igreja está nas prisões, porém, não como deveria estar. Os ministros de Deus são os encarregados do apostolado que lhes foi confiado; ora, não sei se por falta de tempo ou de ministros, o apostolado que devem exercer, não o cumprem, pois devem estar onde está a dor, a necessidade. Os últimos responsáveis para levar a palavra certa, a serenidade à violência, são os ministros de Deus e a Igreja. Não basta a missa dominical e dizer palavras que são sabidas por todos desde a infância.[5]

A visita do voluntário

O voluntário chega à prisão nos dias e horas previamente estabelecidos. O preso, no espaço fechado da prisão, está esperando a visita, que é para ele como um porto aberto ao exterior que lhe traz ares novos, que o relaciona com o mundo de fora, que lhe serve de consolo. Não se pode romper essa esperança nem quebrar ilusões sonhadas e acalentadas. Ser fiel ao compromisso assumido. As coisas devem ser levadas a sério, sem cair na negligência só porque sabemos que o preso estará sempre disponível, pois isso representaria uma falta de consideração e respeito pela sua pessoa.

Fichário

Importa ter um fichário de todos os presos atendidos pela capelania em que conste os dados mais importantes, os serviços prestados, as ajudas efetivadas e as de que necessita. Esse fichário, utilizado com a máxima discrição, pode servir para oferecer informações às paróquias e à própria capelania da prisão para onde for transferido o preso, a fim de lhe propiciar um acompanhamento. Também para informar às dioceses a que pertencem, pois estas, em determinadas ocasiões, por exemplo, no Natal, poderia entrar em contato com to-

---

[4] García García, J. *Corintios XIII*; revista de teología y pastoral de la caridad, nn.17/18, p. 308, jul./dez. 1983.

[5] Firpo, J.C. *Corintios XIII*; revista de teología y pastoral de la caridad, nn.17/18, p. 305, jul./dez. 1983.

dos os seus diocesanos presos, tal e qual já fazem algumas dioceses do País Basco. Serviria, finalmente, para a elaboração do relatório anual da pastoral, para uma avaliação anual do trabalho da mesma.

Reuniões

Os grupos da capelania devem celebrar mensalmente, ao menos, uma reunião conjunta na qual se refletirá sobre o trabalho realizado, sobre os êxitos e fracassos, sobre o projeto que cada um se propôs. Esse intercâmbio de impressões, opiniões e experiência é enriquecedor para todos não cair no desânimo, para continuar trabalhando, para conhecer-se melhor uns aos outros e, conseqüentemente, para amar-se mais, a fim de estreitar mais os laços de fraternidade e de união. Se todos estamos na mesma canoa, todos somos obrigados a atuar coordenadamente para poder chegar a bom porto.

Ecumenismo

O princípio da liberdade religiosa obriga a guardar respeito à opção religiosa do preso. A Igreja católica, defensora e proclamadora da liberdade religiosa, respeitadora da consciência de todos os seres humanos, deseja a união e a unidade de todos os cristãos, manifestando-se a favor das relações ecumênicas e interconfessionais entre as diversas confissões religiosas que possam estar presentes nas prisões.

As instituições penitenciárias garantem o culto das diversas confissões, sem discriminação alguma. O serviço religioso católico é universal e se oferece indistintamente a toda a população presa, com o respeito máximo a todas as crenças, com as que desejam manter relações reais e de colaboração dentro dos ditames ecumênicos de mútua aceitação e compreensão. O serviço religioso exerce-se sem intenções proselitistas. A capelania está disposta, quando assim o aconselhe o bom senso, o bem das almas e o progresso da evangelização, a celebrar atos conjuntos com outras confissões religiosas. Contudo, as atividades de todas as confissões devem estar adequadamente coordenadas e desenvolver-se em perfeita harmonia.

Conclusão

A UTOPIA, UMA SOCIEDADE SEM PRISÕES

A Pastoral Carcerária luta por uma utopia, a de uma sociedade sem prisões.* As muitas e famosas utopias que surgiram, nasceram todas de uma situação social prenhe de opressões, de injustiças e de pobreza. Significam uma denúncia dessas injustas situações sociais e do desejo universal de um mundo melhor, sob o reinado da justiça, da liberdade e do amor. A prisão surgiu para substituir outras penas que pareciam mais injustas e cruéis, porém, está demonstrando que ela é também injusta. Por esta razão, nos guetos carcerários de pobreza, de injustiça e de sofrimento, nasceu a utopia para eliminar a instituição desumana e torturadora da prisão.

A Igreja está obrigada a pregar uma civilização, uma sociedade de amor, sem prisões. Porque se existe algo contrário ao Evangelho é a prisão. Se Deus fez o homem livre, ninguém tem o direito de privá-lo de liberdade. A Igreja, fiel ao programa libertador de Cristo, tem que propugnar pela abolição das prisões, pois ele veio evangelizar os pobres, anunciar a liberdade aos presos, libertar os oprimidos, proclamar um ano de graça do Senhor (Lc 4,19). Anistia universal e abolição da prisão.

Uma sociedade sem prisões poderá parecer uma utopia e certamente o é. A utopia é algo muito difícil de alcançar, porém, realizável; significa o bom lugar (*eu-topia*), o lugar feliz, a sociedade nova em que reinará a solidariedade, a paz e a justiça. A utopia que estamos proclamando terminará por se conseguir, pois se trata não de abolir, mas de pôr em funcionamento outras alternativas de punição que não seja a prisão. Um cristão que não defende esta utopia tem

---

* Cf. HULMAN, Louk; CELIS, Jacqueline Bernat de. *Penas perdidas*; o sistema penal em questão. Niterói, Luam, 1993. (N.T.)

muito pouco de cristão, pois, em última análise, que é o cristianismo sem a mais bela e mais sublime utopia? Que é o Reino de Deus senão a realização da utopia? Se tiramos a utopia do Evangelho, nós o privamos de sua alma e de seu espírito.

Este é o desejo dos penitenciaristas atuais: "Oxalá que algum dia os seres humanos possam solucionar o problema da delinqüência de outra forma que não a da imposição de penas privativas de liberdade".[1]

Assim clama a utopia:

> Abaixo todas as prisões! Abaixo as infames celas! E que sobre suas ruínas, e nas mesmas margens do mar sorridente, surjam como por encanto lugares risonhos e felizes, rodeados de caminhos floridos, de abundantes e embriagantes rosas e brancos jasmins. Transformem-se os cepos infamantes em instrumentos de agricultura, e o odiado delinqüente, não mais torturado, não mais aviltado, mas fraternalmente amado, fraternalmente cuidado, encontrará na liberdade, na doce quietude dos campos, e na rude beleza do mar, a cura regeneradora do mal que o atormenta. Este é o verdadeiro futuro, este é o caminho do progresso e da humanização: destruir hoje toda espécie de castigo sobre a terra. A vingança é herança de povos selvagens e o castigo não é mais que a larva da vingança.[2]

---

[1] Bueno Arús, Francisco. Estudio preliminar. In: García Valdés, Carlos. *La reforma penitenciaria española*. Madrid, Instituto de Criminología de la Universidad Complutense, 1981.

[2] Ferri, Enrique. *Los hombres y las cárceles*. Barcelona, Presa, p. 126.

Anexo I

ORAÇÃO DO PRESO COMPOSTA POR PAULO VI

Senhor, dizem-me que devo rezar. Porém, como posso rezar eu tão infeliz? Como posso falar-te de minha condição atual?

Estou triste, sou indigno, às vezes, sinto-me desesperado. Creio-me maldito e me recuso rezar. Sofro profundamente, porque todos estão contra mim e me julgam um malvado, pois me encontro aqui, distante de meus entes queridos, privado de minhas atividades, sem liberdade, sem honra e sem paz. Como é possível que eu me dirija a ti, ó Senhor?

Contemplo-te na cruz. Tu também, Senhor, sofreste, e que sofrimento! Sei que eras bom, sábio, inocente. E te injuriaram, desonraram, julgaram, açoitaram, crucificaram, e privaram-te da vida.

Porém, por quê? Onde está a justiça?

E foste capaz de perdoar àqueles que te trataram com tamanha injustiça e crueldade. Oraste por eles. Mas quiseste morrer para salvar aqueles que te mataram, para nos salvar, homens pecadores. Também para salvar a mim?

Sendo assim, Senhor, pode-se pensar que um homem é bom em seu coração mesmo quando uma sentença dos tribunais humanos caia sobre seus ombros.

Eu também, ó Senhor, no fundo da minha alma me considero melhor do que outros homens pensam, sei o que é justiça, o que é bom, o que é honra, o que é virtude.

Diante de ti, esses pensamentos surgem em minha mente. Tu os conheces? Tu sabes que sinto tristeza por minhas misérias? Tu sabes que estou a ponto de gritar e de chorar?

Tu me ouves, ó Senhor? É esta minha oração!

Sim, esta é minha oração; da profundeza de minha amargura elevo minha voz a ti, não a ignores. Ao menos tu, que sofreste tanto como eu, mais que eu, por mim, ao menos tu, Senhor, ouve-me. Tenho muito que te pedir.

Dá-me, Senhor, a paz de alma, dá-me tranqüilidade de consciência, uma nova consciência capaz de bons pensamentos.

Sim, Senhor, a ti rogo, se me extraviei, perdoa-me. Todos necessitamos de perdão e misericórdia, peço-te proteção para mim. E também, Senhor, peço-te por meus entes queridos, que mesmo assim me amam. Senhor, ajuda-os, consola-os. Senhor, dize-lhes que se lembrem de mim, que me amem. Angustiosamente necessito saber que alguém se lembra de mim, que me ama.

Tem misericórdia também desses companheiros de desgraça e sofrimento que comigo se encontram nessa prisão.

Misericórdia para todos, sim, e também para aqueles que nos fazem sofrer; para todos os seres humanos nesse vale de tristezas. Pois somos, ó Senhor, tuas criaturas, teus filhos, teus irmãos. Ó Cristo, tem misericórdia de nós.

A nossa pobre voz unimos à doce e inocente voz da Virgem, de Maria Santíssima, que é tua mãe e que é também para nós uma mãe de mediação e de consolo.

Ó Senhor, dá-nos tua paz. Dá-nos esperança.

> Esta oração foi lida pelo Papa Paulo VI
> na prisão Regina Coeli, de Roma, em 9 de abril de 1964
> (*L'Osservatore Romano*, 14 maio 1964).

Anexo II

ORAÇÃO DO PRESO POR SUA FAMÍLIA

Dou-te graças, Senhor, por minha família.
É o melhor que tenho neste mundo.
Desde que estou preso
a valorizo e a amo muito mais.

Graças ao carinho dos meus,
não me sinto sozinho
neste lugar triste e penoso,
onde sofro mais por eles que por mim.
Se não fosse por seu amor e por seu apoio,
perderia a vontade de lutar e de viver.

Sinto muito, Senhor,
o que estou fazendo-os sofrer
com minha conduta equivocada,
que me levou para a prisão.

Ajuda-os, protege-os, bendize-os, Senhor.

Faze de mim um homem novo
para que, quando sair da prisão,
seja sempre para eles
o seu sustento, seu prazer e sua alegria.

Obrigado, Senhor.

SUGESTÕES DE LEITURA*

ALBERGARIA, Jason. *Comentários à Lei de Execução Penal*. Rio de Janeiro, Aidé, 1987.

_____. *Criminologia*; teórica e prática. Rio de Janeiro, Aidé, 1988.

ANIYAR DE CASTRO, Lola. *Criminologia da reação social*. Trad. Ester Kosovski. Rio de Janeiro, Forense, 1983.

ARAÚJO, André. *Bases sociais da pedagogia curativa*. Rio de Janeiro, Departamento de Imprensa Nacional, 1951.

ARNANZ, Enrique. *Cultura y prisión*; una experiencia y un proyecto de acción sociocultural penitenciaria. Madrid, Popular, 1988.

ASSALY, Alfredo Issa. *O trabalho penitenciário*; aspectos econômicos e sociais. São Paulo, Martins, 1944.

BECCARIA, Cesare. *Dos delitos e das penas*. São Paulo, Hemus, 1983.

BENTHAM, Jeremy. Panóptico: memorial sobre um novo princípio para construir casas de inspeção e, principalmente, prisões. Trad. de Ana Edite Ribeiro Montoia. *Revista Brasileira de História*. São Paulo, v. 7, n. 14, pp. 199-229, mar./ago. 1987.

BERISTAIN IPIÑA, Antonio. Relaciones entre los privados de libertad y el mundo exterior. (El voluntariado). *Eguzkilore*; cuaderno del Instituto Vasco de Criminología, n. 1, pp. 29-41, 1988. (Ejemplar dedicado a: Jornadas Penitenciarias Vasco-Navarras).

_____. Relações entre a criminologia e a teologia; que deixa em pé a criminologia da teologia — considerações desde e para o desenvolvimento dos direitos humanos. *Fascículos de Ciências Penais*, Porto Alegre, v. 1, Fasc. 6, pp. 9-104, 1988. (Palestra de Simpósio).

BIANCHI, E. et al. *A dignidade dos oprimidos*. Petrópolis, Vozes, 1979.

BICUDO, Hélio Pereira. *Meu depoimento sobre o esquadrão da morte*. 2. ed. São Paulo, Pontifícia Comissão de Justiça e Paz de São Paulo, 1976.

BITENCOURT, Cezar Roberto. *Falência da pena de prisão*; causas e alternativas. São Paulo, Revista dos Tribunais, 1993.

---

* Referências bibliográficas preparadas especialmente para a edição brasileira.

BITENCOURT, Cezar Roberto. *Lições de Direito Penal*. 3. ed. Porto Alegre, Livraria do Advogado, 1995.

BITTENCOURT, Edgar de Moura. *Vítima*. 3. ed., São Paulo, Universitária de Direito, 1987. 329 pp.

BOFF, Clodovis. *O Evangelho do poder-serviço*. 2. ed. Rio de Janeiro, CRB, 1985.

BRASIL. Ministério da Justiça. *Regras mínimas para o tratamento dos reclusos e recomendações pertinentes adotadas pelo I Congresso das Nações Unidas*; Genebra, 1955. Brasília, DF, 1971.

———. Id., *Criminalidade e violência*; relatório e conclusões da CPI sobre o sistema penitenciário. 3 v. Brasília, DF, 1980.

BRAVO D'AVILA, Luis Alfonso. *La perspectiva clinica en la criminología contemporanea*. Caracas, Universidad Central de Venezuela, 1982.

BRIGGS, Dennie. *Fermer les prisons*. Trad. et adap. Édouard Deliman. Paris, Seuil, 1975.

BRITTO, Lemos de. *A questão sexual nas prisões*. Rio de Janeiro, Livraria Jacintho, [19--].

———. *Os sistemas penitenciários do Brasil*. Rio de Janeiro, Imprensa Nacional, 1926.

BRUNO, Aníbal. *Direito Penal*. 2 v. Rio de Janeiro, Forense, 1978.

BUFFARD, Simone. *Le froid pénitentiaire; l'impossible réforme des prisons*. Paris, Seuil, 1973. (Collection Esprit).

BURGESS, Anthony. *A laranja mecânica; uma estória de violência e terror recriados no futuro*. 2. ed. Trad. de Nelson Dantas. Rio de Janeiro, Artenova, 1972.

CAMARGO, Maria Soares de. *Terapia penal e sociedade*. Campinas, Papirus, 1984.

CAMPOS, Ângela Valadares Dutra de Souza. *O menor institucionalizado; um desafio para a sociedade*. Petrópolis, Vozes, 1984.

CAMPOS, Arruda. *A justiça a serviço do crime*. São Paulo, Saraiva, 1960.

CANEGHEM, Denise van. *Agressividade e combatividade*. Rio de Janeiro, Zahar, 1980.

CAPUTTI FILHA, A. C. A vítima: uma contribuição ao estudo de seus aspectos psicológicos. *Revista de Psiquiatria do Rio Grande do Sul*, Porto Alegre, v. 4, n. 2, pp. 136-142, maio/ago. 1982.

CARAM, Dalto. *Violência na sociedade contemporânea*. Petrópolis, Vozes, 1978.

CARBONAR, Eny. *De minha cela vejo pássaros*. Curitiba, Lítero-técnica, 1987.

CASSIERS, L. et al. *La violence*; le supplément. Paris, Cerf, 1976.

CELÉM, Rosângela. *As relações sociais em prisão do tipo semi-aberta*; uma experiência em serviço social. São Paulo, Cortez, 1983.

CENTURIÃO, Luiz Ricardo Michaelsen. *Relações sociais nos estabelecimentos penais*. 1996. Dissertação (Mestrado em Antropologia Social) — Universidade Federal do Rio Grande do Sul, Porto Alegre.

CHARRIÈRE, Henri. *Papillon*; o homem que fugiu do inferno. 12. ed. Rio de Janeiro, Difel, 1980.

CLOTET, Joaquim et al. *A justiça*; abordagens filosóficas. Porto Alegre, EDIPUCRS, 1988.

CNBB; Coordenação Nacional de Pastoral Carcerária. *Elementos para uma Pastoral Carcerária*. São Paulo, Loyola, 1989.

CNBB. *Pastoral Carcerária*. v. 4. 2. ed. São Paulo, Paulinas, 1977. (Estudos da CNBB).

COELHO, Edmundo Campos. *A oficina do diabo*; crise e conflitos no sistema penitenciário do Rio de Janeiro. Rio de Janeiro, Espaço e Tempo, Instituto Universitário de Pesquisas do Rio de Janeiro, 1987.

CONFORTO, Marília. Breves considerações sobre a criminalidade escrava segundo o Livro de Sentenciados da casa de correção de Porto Alegre (1874-1900). *Estudos Ibero-americanos*. Porto Alegre, PUCRS, v. XVI, nn. 1/2, pp. 69-78, jul./dez. 1990.

CONTIN, Simone Picanço Jamur. *Análise crítica do Centro de Observação Criminológica e Triagem (COCT) do Estado do Paraná*. 1990. Monografia (Especialização em Criminologia) — Pontifícia Universidade Católica do Rio Gradne do Sul, Porto Alegre.

COSTA, Álvaro Mayrink da. *Exame criminológico*; doutrina e jurisprudência. Rio de Janeiro, Forense, 1989.

COSTA, Içara Rita dos Santos. *O serviço social na individualização da execução penal*; uma abordagem sócio-familiar. 1991. Monografia (Especialização em Criminologia) — Pontifícia Universidade Católica do Rio Grande do Sul, Porto Alegre.

COSTA, Luiz Eugênio de Moraes; MACEDO, Agenor Francisco de. *Noções de direito penal*; penologia. 2. ed. Rio de Janeiro, Jacinto Ribeiro dos Santos Editor, 1919.

DAHER, Suraia. Efeitos da implantação do modelo institucional para uma unidade do subsistema penitenciário de São Paulo. In: II Congresso Brasileiro de Administração Penitenciária. *Anais...* São Paulo, IMESP, 1980.

DEL OLMO, Rosa. *Estudio criminologico de los delitos de tránsito en Venezuela.* Caracas, Instituto de Ciencias penales y criminologicas, 1978.

_____. *América Latina y su criminología.* México, Siglo Veintiuno, 1981.

DESAULNIERS, Julieta Beatriz. Sobre a controvérsia foucaultiana. *Veritas;* revista de Filosofia e Ciências Humanas da Pontifícia Universidade Católica do Rio Grande do Sul, Porto Alegre, v. 37, n. 145, pp. 47-60, mar. 1992.

DIDONET NETO, João. *Por um sistema punitivo mais justo e mais humano.* Porto Alegre, Sulina, [19--].

DONNICI, Virgílio. *A criminalidade no Brasil;* meio milênio de repressão. Rio de Janeiro, Forense. 1984.

DOSTOIÉVSKI, Fiodor. *Recordações da casa dos mortos.* Trad. José Geraldo Vieira. São Paulo, Saraiva, 1949.

DOTTI, René Ariel. *As novas dimensões na execução da pena.* Curitiba, Lítero-Técnica, 1975.

_____. *A reforma penal e penitenciária.* Curitiba, Lítero-Técnica, 1980.

DREGER, Rosaura S. *Vitimologia;* uma resenha sobre este novo ramo do Direito Criminal. 1992. Monografia (Especialização em Criminologia) — Pontifícia Universidade Católica do Rio Grande do Sul, Porto Alegre.

DUPRAT, Catherine. Punir e curar: em 1819, a prisão dos filantropos. *Revista Brasileira de História*, São Paulo, v. 7, n. 14, pp. 7-58, mar./ago. 1987.

DUVIGNAUD, Jean; MULLER, Jean-Marie; MENDEL, Gérard. Violences et non-violence. *Raison présente*, n. 54, 2ème trim. 1980.

EVANGELISTA, Maria Dora Ribeiro. *Prisão aberta;* a volta à sociedade. São Paulo, Cortez Editora, 1983.

FACHINI, Paola Giacomini. *Tratamento penitenciário;* da retórica à prática. 1992. Monografia (Especialização em Criminologia) — Pontifícia Universidade Católica do Rio Grande do Sul, Porto Alegre.

FARIAS JÚNIOR, João. *A ineficácia da pena de prisão e o sistema ideal de recuperação do delinqüente*. Rio de Janeiro, Carioca, 1981.

FAUSTO, Boris. *Crime e cotidiano*; a criminalidade em São Paulo (1880-1924). São Paulo, Brasiliense, 1984.

FAYET, Ney. A prisão como fator criminógeno. *Estudos Jurídicos*; revista da Escola de Direito da Universidade do Vale do Rio dos Sinos, São Leopoldo, v. 1, n. 1, pp. 111-125, 1971.

FIGUEIRA, Sérvulo A. (Org.). *Sociedade e doença mental*. Rio de Janeiro, Campus, 1978.

FIRMINO, Hiram. *Nos porões da loucura*. Rio de Janeiro, Codecri, 1982.

FONSECA, José Antonio. *Nó cego*; história de um jovem viciado em drogas. São Paulo, O Recado, 1981.

FONTES, José Augusto Torres. *Marcou, dançou!* Manual de sobrevivência na cela. São Paulo, Brasiliense, 1983.

FOUCAULT, Michel (Org.). *Eu, Pierre Rivière, que degolei minha mãe, minha irmã e meu irmão*. Rio de Janeiro, Graal, 1977.

FOUCAULT, Michel. *Vigiar e punir*; história da violência nas prisões. Trad. de Lígia M. Ponce Vassalo. Petrópolis, Vozes, 1977.

_____. *Arqueologia do saber*. Trad. de Luiz Felipe Baeta Neves. 3. ed., Rio de Janeiro, Forense-Universitária, 1987.

_____. *As palavras e as coisas*; uma arqueologia das ciências humanas. Trad. de Salma Tannus Muchail. São Paulo, Martins Fontes, 1987.

_____. *História da loucura*; na Idade Clássica. Trad. de José Teixeira Coelho Netto. 2. ed., São Paulo, Perspectiva, 1989.

_____. *Microfísica do poder*. Trad. de Roberto Machado. 9. ed. Rio de Janeiro, Graal, 1990.

FRAGOSO, Antônio Batista et al. *O grito de milhões de escravas*; a cumplicidade do silêncio. Petrópolis, Vozes, 1983.

FRAGOSO, Heleno; CATÃO, Yolanda; SUSSEKIND, Elisabeth. *Os direitos dos presos*. Rio de Janeiro, Forense, 1980.

FREITAS, Décio. *O maior crime da Terra*; o açougue humano da rua do Arvoredo, Porto Alegre (1863-1864). Porto Alegre, Sulina, 1996.

FROMM, Erich. *Da desobediência e outros ensaios*. Rio de Janeiro, Zahar, 1984.

GARCIA, Maria Teresa Ribeiro. *O exame criminológico e a individualização penal na execução.* 1990. Monografia (Especialização em Criminologia) – PUCRS, Porto Alegre.

GAUER, Ruth Maria Chittó. *A influência da Universidade de Coimbra na formação da nacionalidade brasileira.* 2 v. 1995. Tese (Doutorado em História Moderna e Contemporânea) – Faculdade de Letras, Universidade de Coimbra, Coimbra.

GOFF, Kenneth et al. *Psicopolítica;* técnica de lavagem cerebral. Buenos Aires, [s.n.], [19--].

GOFFMAN, Erving. *Manicômios, prisões e conventos.* Trad. de Dante Moreira Leite. São Paulo, Perspectiva, 1974.

_____. *Estigma;* notas sobre a manipulação da identidade deteriorada. Trad. de Marcia Leite Nunes. Rio de Janeiro, Zahar, 1975.

_____. *A representação do Eu na vida cotidiana.* Trad. de Maria Célia Santos Raposo. 3. ed., Rio de Janeiro, Vozes, 1985.

GOMES, Flávio Alcaraz. *Prisioneiro 39310 — Profissão: repórter.* Porto Alegre, L&PM, 1982.

GOULART, José Eduardo. *Princípios informadores do direito da execução penal.* São Paulo, Revista dos Tribunais,1994.

GRAMSCI, Antonio. *Cartas do cárcere.* Seleção, tradução e apresentação de Noênio Spínola. 2. ed. Rio de Janeiro, Civilização Brasileira, 1978.

GREEFF, Étienne de. *Almas criminosas.* São Paulo, Paulinas, 1967.

GUNN, John. *Violencia en la sociedad humana.* Buenos Aires, Psique, 1976.

GUN, Nerin E. *Dachau;* testemunho de um sobrevivente. Rio de Janeiro, Record, [19--].

HÄERING, Bernhard. *Medicina e manipulação;* o problema moral da manipulação clínica, comportamental e genética. São Paulo, Paulinas, 1977.

HERKENHOFF, João Baptista. *Crime;* tratamento sem prisão. Petrópolis, Vozes, 1987.

HERMANN, Kai; RIECK, Horst. *Eu, Christiane F., 13 anos, drogada, prostituída...* Trad. de Maria Celeste Marcondes. São Paulo, Difel, 1983.

HULMAN, Louk; CELIS, Jacqueline Bernat de. *Penas perdidas;* o sistema penal em questão. Niterói, Luam, 1993.

INSTITUTO DE MEDICINA SOCIAL E DE CRIMINOLOGIA DE SÃO PAULO. II Congresso Brasileiro de Administração Penitenciária, ano IV, n. 2, 1981,

São Paulo. *Anais...* São Paulo, Secretaria da Justiça do Estado de São Paulo, 1981.

JONES, Maxwell. *A comunidade terapêutica.* Petrópolis, Vozes, 1972.

KARPMAN, Benjamin. *Perversión sexual y sexualidad carcelaria.* Buenos Aires Hormé, 1974.

KAUFMANN, Hilde. *Criminología, ejecución penal y terapia social.* Trad. de Juan Bustos Ramírez. Buenos Aires, Depalma, 1979.

KOSOVSKY, Ester; PIEDADE JUNIOR, Heitor; MAYR, Eduardo. *Vitimologia em debate.* Rio de Janeiro, Forense, 1990.

LAGE, Cícero Carvalho. *Noções teóricas e práticas de ciência criminal e penitenciária.* São Paulo, Biblioteca de Estudos Jurídicos, 1965.

LEAL, César Barros. *A delinqüência juvenil;* seus fatores exógenos e prevenção. Rio de Janeiro, Aidé, 1983.

LEMGRUBER, Julita. *Cemitério de vivos;* análise sociológica de uma prisão de mulheres. Rio de Janeiro, Achiamé, 1983.

LEMONNIER, A. M. *Cartas de um condenado;* cartas da prisão de Jacques Fesch, guilhotinado aos 27 anos. São Paulo, Paulinas, 1978.

LEMOS, Ana Margarete. *O sistema penitenciário feminino no Rio Grande do Sul e a ressocialização.* 1991. (Trabalho de Conclusão de Curso em Ciências Sociais) — Pontifícia Universidade Católica do Rio Grande do Sul, Porto Alegre.

LEVASSEUR, Georges (Org.). *Les techniques de l'individualisation judiciaire;* publications du Centre d'Études de Défense Sociale de l'Institut de Droit Comparé de Paris. Tomo X. Paris, Cujas, 1971.

LEWGOY, Alzira Maria Baptista. *A trajetória do serviço social na rede penitenciária do Rio Grande do Sul.* Porto Alegre, [s.n.], 1988.

LEWGOY, Alzira Maria Baptista et al. *Marginalidade e controle social.* Porto Alegre, Revista da Escola do Serviço Penitenciário do Rio Grande do Sul, Corag, 1991.

LINTZ, Sebastião. *O crime, a violência e a pena.* Campinas, Julex, 1987.

LORENZ, Konrad. *Civilização e pecado;* os oito erros capitais do homem moderno. Trad. de Marina Colasanti. Rio de Janeiro, Artenova, 1974.

MACIEL, Eliane. *Com licença, eu vou à luta;* é ilegal ser menor? Rio de Janeiro, Codecri, 1983.

MAIO, Salvador de. *O poder da mulher e a delinqüência;* ensaio de sociologia criminal de prevenção contra o crime. Joinville, [s.n.], 1959.

MARANHÃO, Odon Ramos. *Psicologia do crime e a Lei 6.416/77*. São Paulo, Revista dos Tribunais, 1981.

MARCHIORI, Hilda. *Personalidad del delincuente*. México, Porrúa, 1978.

_____. *El estudio del delincuente*. México, Porrúa, 1982.

MARCO DEL PONT, Luis. *Penología y sistemas carcelarios*. 2 v. Buenos Aires, Depalma, 1974.

MARCOS, Plínio. *Barrela*; peça em 1 ato. São Paulo, Símbolo, 1976.

MARQUISET, Jean. *Le crime*. Paris, PUF, 1948. (Collection Que sais-je?, n. 297).

MARTELOZZO, Antônio. Individualização da pena. *Revista da Associação dos Magistrados do Paraná*, v. 8, n. 34, pp. 29-37, out./dez. 1983.

MATHÉ, André-Gilles. *Psychothérapie en prison*. Paris, Denoël, 1976.

MÉDICI, Sérgio de Oliveira. *Prisão albergue*; doutrina, jurisprudência, legislação. Bauru, Jalovi, 1979.

MEERLOO, Joost A. M. *Psicologia del panico*. Buenos Aires, Paidós, 1964.

MIDDENDORFF, Wolf. *Teoría y práctica de la prognosis criminal*. Trad. de José Maria Rodríguez Devesa. Madrid, Espasa-Calpe, 1970.

MINAS GERAIS. Secretaria de Estado do Planejamento e Coordenação Geral. Fundação João Pinheiro. *Caracterização da população prisional em Minas Gerais e Rio de Janeiro*. Belo Horizonte, 1984. (mimeo.)

_____. Secretaria de Justiça. Superintendência de Organização Penitenciária. *Manual básico do guarda de presídio*. Belo Horizonte, 1991.

MIOTTO, Armida Bergamini. *A reeducação do delinqüente*; aspectos particulares. Roma, Universitá degli studi di Roma, 1955.

_____. *Curso de Direito Penitenciário*. 2 v. São Paulo, Saraiva, 1975.

_____. A violência nas prisões. *Revista de Informação Legislativa*. Brasília, n. 66, pp. 273-292, abr./jun. 1980.

MIRANDA, Clara Feldman; MIRANDA, Márcio Lúcio de. *Construindo a relação de ajuda*. Belo Horizonte, Crescer, 1983.

MONES, Carlos R. *A prisão*; os homens que a lotam. Trad. de João Orestes Fagherazzi. São Paulo, Paulinas, 1997.

MORAES, Evaristo. *Prisões e instituições penitenciárias no Brasil*. Rio de Janeiro, Conselheiro Cândido de Oliveira, 1923.

MORAES, Humberto Peña de; SILVA, José Fontenelle T. da. *Assistência Judiciária*; sua gênese, sua história e a função protetiva do Estado. Rio de Janeiro, Liber Juris, 1984.

MORAIS DE GUERRERO, Maria Gracía. *El régimen abierto en el sistema penitenciario venezolano*; implementación y funcionamiento. Caracas, Cuerpo Técnico de Policía Judicial, 1985.

MOREIRA, Paulo Roberto Staudt. *Entre o deboche e a rapina*; os cenários sociais da criminalidade popular em Porto Alegre 1868-1888. 1993. Dissertação (Mestrado em História) — Universidade Federal do Rio Grande do Sul, Porto Alegre.

MORRIS, Norval. *El futuro de las prisiones*. México, Siglo Veintiuno, 1978.

MOURA, Clóvis. *Sacco e Vanzetti*; o protesto brasileiro. São Paulo, Brasil Debates, 1979.

MUAKAD, Irene Batista. *Prisão albergue*. São Paulo, Cortez, 1984.

MULLER, A. et al. *Igreja e Direitos Humanos*. Petrópolis, Vozes, 1979.

NASCIMENTO, Walter Vieira do. *Lições de história do direito*. Rio de Janeiro, Zahar, 1979.

NEUMAN, Elías. *Victimologia*: el rol de la víctima em los delitos convencionales y no convencionales. Buenos Aires, Ed. Universidad, 1984.

_____. *Crônica das mortes silenciadas*; (Vila Devoto, 14 de março de 1978). Rio de Janeiro, Freitas Bastos, 1987.

NOGUEIRA, Ronidalva de Andrade Melo. *O poder de punir e seus equilibristas*. 1995. Dissertação (Mestrado em Serviço Social) — Universidade Federal de Pernambuco, Recife.

OLIVEIRA, Edmundo Alberto Branco de. *Direitos e deveres do condenado*. São Paulo, Saraiva, 1980.

_____. *Vitimologia e Direito Penal*; o crime precipitado pela vítima. 2. ed. Rio de Janeiro, Forense, 2001.

OLIVEIRA, Eliana Ruas Ferreira de. *A contribuição do serviço social junto à mulher presa no trabalho de reintegração social do albergue feminino de Porto Alegre*. 1990. Monografia (Especialização em Criminologia) – Pontifícia Universidade Católica do Rio Grande do Sul, Porto Alegre.

OLIVEIRA, Marina Marigo Cardoso de. *A religião nos presídios*. São Paulo, Cortez e Moraes, 1978.

OLIVEIRA, Odete Maria de. *Prisão*; um paradoxo social. Florianópolis, Editora da UFSC, 1984.

ORGANIZAÇÃO COMUNITÁRIA PELOS DIREITOS DOS PRESOS. *Manual dos direitos do preso*. São Paulo, PUCSP, 1983.

OTTOBONI, Mário. *Cristo chorou no cárcere*. São Paulo, Paulinas, 1976.

_____. *Cristo sorrindo no cárcere*. São Paulo, Paulinas, 1977.

_____. *Meu Cristo, estou de volta*; pastoral carcerária aplicada no revolucionário sistema APAC. São Paulo, Paulinas, 1978.

_____. *A comunidade e a execução da pena*. Aparecida, Santuário, 1984.

_____. *O mártir do cárcere*. São Paulo, Paulinas, 1984.

_____. *Ninguém é irrecuperável*; APAC — a revolução do sistema penitenciário. São Paulo, Cidade Nova, 1997.

PAIVA, Marisa Helena. *A casa de correção de Porto Alegre (1889-1899)*. 1993. Dissertação (Mestrado em História) — Pontifícia Universidade Católica do Rio Grande do Sul, Porto Alegre.

PAIXÃO, Antônio Luiz. *Recuperar ou punir?*; como o Estado trata o criminoso. São Paulo, Cortez, 1987. (Coleção Polêmicas do nosso tempo, n. 21).

PARANÁ. Secretaria do Interior e Justiça. Departamento de Estabelecimentos Penais do Paraná. *Estatuto Penitenciário*. Curitiba, 1973.

_____. Secretaria do Estado de Justiça. *Coletânea da 1ª Semana de Estudos de Direito Penitenciário*. Curitiba, 1975.

PASTORE, Alfonso. *Pastoral carcerária e você*; experiências, estudos e perguntas de um trabalho com presos. Aparecida, Santuário, 1986.

PAVARINI, Massimo. *Los confines de la cárcel*. Montevideo, Editor Carlos Alvarez, 1995.

_____. MELOSSI, Dario. *Cárcel y fabrica*; los orígenes del sistema penitenciario. México, Siglo Veintiuno, 1980.

PELLEGRINO, Laércio. *Vitimologia*; história, teoria, prática e jurisprudência. Rio de Janeiro, Forense, 1987.

PERROT, Michelle (Org.). *La imposible prisión*; debate con Michel Foucault. Barcelona, Anagrama, 1982.

PERRUCI, Maud. *Crime e castigo.* 1981. Dissertação (Mestrado em Direito) — Universidade Federal de Pernambuco, Recife.

PETTINELLI, J. C. Mendes. *Um pedaço do céu queimando no inferno.* Porto Alegre, Escola Superior de Teologia São Lourenço de Brindes, 1981.

PIMENTEL, Manoel Pedro. *O crime e a pena na atualidade.* São Paulo, Revista dos Tribunais, 1983.

_____. *Prisões fechadas, prisões abertas.* São Paulo, Cortez e Moraes, 1978.

PINATEL, Jean. *Précis de science pénitentiaire;* législation pénitentiaire, administration pénitentiaire, problème de la criminalité juvénile. Paris, Sirey, 1945.

_____. *Étienne de Greeff;* 1898-1961. Paris, Cujas, 1967. (Bibliotheque Internationale de Criminologie).

_____. *La sociedad criminógena.* Trad. de Luís Rodríguez Ramos. Madrid, Aguilar, 1979.

PINHEIRO, Paulo Sérgio (Org.). *Crime, violências e poder.* São Paulo, Brasiliense, 1983.

PLAYFAIR, Giles; SINGTON, Derrick. *Prisão não cura, corrompe.* Trad. de Aydano Arruda. São Paulo, Ibrasa, 1969.

PORTÃO, Ramão Gomes. *A vítima nos meios de comunicação de massa.* São Paulo, Traço, 1982.

PORTUGAL. Ministério da Justiça. Instituto de Reinserção Social. *Cidadão Delinqüente: Reinserção Social?.* Lisboa, 1983.

QUEIROZ, José J. (Org.). *As prisões, os jovens e o povo.* São Paulo, EDUC, Paulinas, 1985. (Coleção PUC-Estudos, 5).

_____. *Ética no mundo de hoje.* São Paulo, Paulinas, 1985.

QUELQUEJEU, Bernard et al. *Libertés et droits de l'homme.* Paris, Cerf, 1978.

RAHNER, Karl. *Missão e graça;* cura de almas nos cárceres. v. 3. Petrópolis, Vozes, 1965.

RAMALHO, José Ricardo. *Mundo do crime;* a ordem pelo avesso. 2. ed. Rio de Janeiro, Graal, 1983.

RAMOS, Arthur. *Loucura e crime;* questões de psiquiatria, medicina forense e psicologia social. Porto Alegre, Globo, 1937.

RASCOVSKY, Arnaldo. *O assassinato dos filhos;* filicídio. Rio de Janeiro, Documentário, 1973.

Rico, José M. *As sanções penais e a política criminal contemporânea.* Trad. de Sérgio Fragoso. Rio de Janeiro, Liber Juris, 1978.

Rio de Janeiro (Estado). Secretaria da Justiça. Superintendência do Sistema Penitenciário. *Regulamento Penitenciário.* Rio de Janeiro, Guanabara, 1968.

_____. Secretaria da Justiça. *Execução penal na Guanabara.* Rio de Janeiro, Guanabara, 1971.

Rio Grande do Sul. Superintendência dos Serviços Penitenciários. *Sistema Penitenciário.* Porto Alegre, Corag, [19--].

_____. Assembléia Legislativa. Comissão de Cidadania e Direitos Humanos. *Relatório Azul, 1994;* garantias e violações dos direitos humanos. Porto Alegre, 1994.

_____. Id., *Relatório Azul, 1996;* garantias e violações dos direitos humanos. Porto Alegre, 1996.

_____. Id., *Relatório Azul, 98/99;* garantias e violações dos direitos humanos. Porto Alegre, 1999.

Rivet, Hilton L. *Oi, Deus, pode me dar um minuto?.* São Paulo, Paulinas, 1981.

Rocha, Ubirajara. *A face trágica das prisões;* ensaios de penologia. São Paulo, Serviço Gráfico da Secretaria da Segurança Pública, 1968.

Rodrigues, José Albertino (Org.). *Émile Durkheim;* sociologia. 2. ed. São Paulo, Ática, 1984. (Grandes Cientistas Sociais).

Rodrigues, Suzana Santa Maria. *A violência nossa de cada dia.* 1992. Monografia (Especialização em Criminologia) — Pontifícia Universidade Católica do Rio Grande do Sul, Porto Alegre.

Rovinski, Sônia Liane Reichert. *A violência na vitimização criminal;* vivências em situações de assalto. 1993. Dissertação (Mestrado em Psicologia) – Pontifícia Universidade Católica do Rio Grande do Sul, Porto Alegre.

Ruiz Funes, Mariano. *A crise nas prisões.* Trad. de Hilário Veiga Carvalho. São Paulo, Saraiva, 1953.

Saldaña, Quintiliano. *Nova antropologia criminal.* São Paulo, Libertas, 1934.

Salomon, Délcio Vieira et al. *UFMG;* resistência e protesto. Belo Horizonte, Vega, 1979.

Sánchez Galindo, Antonio. *El derecho a la readaptación social.* Buenos Aires, Depalma, 1983.

SANTOS, Hélène Rebecca Baultzer dos. *Psicologia na área criminal*. Bauru, Jalovi, 1979.

SANTOS, J. W. Seixas. *Pequeno dicionário de criminologia*. São Paulo, Pró-livro, 1976.

SANTOS, Maria Celeste Cordeiro Leite dos. *Poder jurídico e violência simbólica*. São Paulo, Cultural Paulista, 1985.

SCHMIDT, Mires Gabardo. *Familiares de presos*; relação entre o sistema penitenciário e a expectativa da família quanto à recuperação do apenado. 1984. Dissertação (Mestrado em Psicologia Clínica) — Pontifícia Universidade Católica do Rio Grande do Sul, Porto Alegre.

SILVA, Maria da Glória Ribeiro da. *Prática médica*; dominação e submissão. Rio de Janeiro, Zahar, 1976.

SILVA, Mozart Linhares da. A reforma penitenciária e a modernidade no Brasil: uma abordagem possível. *Veritas*; revista de Filosofia e Ciências Humanas da Pontifícia Universidade Católica do Rio Grande do Sul. Porto Alegre, v. 40, n. 158, pp. 255-261, jun. 1995.

_____. A casa de correção de Porto Alegre e a instauração de um projeto moderno. *Histórica*; revista da Associação dos Pós-Graduandos em História da Pontifícia Universidade Católica do Rio Grande do Sul, Porto Alegre, v.1, n. 1, pp. 121-130, 1996.

_____. *Do Império da lei às grades da cidade*. Porto Alegre, EDIPUCRS, 1997.

SKLAR, Sílvia Muccillo. *Instituição Penitenciária*; seus descompassos. 1992. Monografia (Especialização em Criminologia) — Pontifícia Universidade Católica do Rio Grande do Sul, Porto Alegre.

SOARES, Marlene Terezinha Hertz. *Barrela*; uma análise psicológica. 1990. Monografia (Especialização em Criminologia) — Pontifícia Universidade Católica do Rio Grande do Sul, Porto Alegre.

SOARES, Orlando. *Causas da criminalidade e fatores criminógenos*. Rio de Janeiro, Solivro, 1978.

_____. *Extinção das prisões e dos hospitais psiquiátricos*. Rio de Janeiro, Científica, 1979.

SOLS LUCIA, José. *Teologia da marginalização*; os nomes de Deus. Trad. de Roberto Tápia Vidal. São Paulo, Paulinas, 1995.

SOSA CHACÍN, Jorge. *El hombre y el crimen*; fundamentos de criminología. Caracas, Facultad de Ciencias Jurídicas y Políticas, 1986.

Souza, Braz Florentino Henriques de. *Do delito e do delinqüente*. São Paulo, Saraiva, 1965.

Souza, Percival de. *A revolução dos loucos*. São Paulo, Global, 1976.

_____. *A prisão*; histórias dos homens que vivem no maior presídio do mundo. São Paulo, Alfa-Ômega, 1977.

_____. *O prisioneiro da grade de ferro*. São Paulo, Traço, 1983.

Sykes, Gresham M. *Crime e sociedade*. Rio de Janeiro, Bloch, 1969.

Szasz, Thomas S. *A fabricação da loucura*; um estudo comparativo entre a Inquisição e o Movimento de Saúde Mental. Trad. de Dante Moreira Leite. Rio de Janeiro, Zahar, 1976.

Taborda, José Geraldo Vernet. *Aspectos da relação agressor-vítima*; uma contribuição à vitimologia. 1989. Monografia (Especialização em Psiquiatria) — Pontifícia Universidade Católica do Rio Grande do Sul, Porto Alegre.

Tacla, Ariel. *Dicionário dos marginais*. Rio de Janeiro, Forense-Universitária, 1981.

Tavares, Maria Ribeiro da Silva. *Estudos e sugestões sobre o reajustamento de delinqüentes*. Porto Alegre, [s.n.], [19--].

Thompson, Augusto Frederico Gaffrée. *A questão penitenciária*. Rio de Janeiro, Forense, 1980.

_____. *Quem são os criminosos?* Rio de Janeiro, Achimé, 1983.

Torres, André. *Esmaguem meu coração*. Petrópolis, Vozes, 1983.

_____. *Exílio na Ilha Grande*; depoimento de um presidiário. Petrópolis, Vozes, 1983.

Torres, Gilvan. *Influência da higiene sexual na recuperação dos criminosos*. Rio de Janeiro, [s.n.], 1948.

Townsend, Leland R. *La psicologia en el crimen juvenil y adulto*. Trad. de Sara Espinosa. Buenos Aires, Troquel, 1964. (Biblioteca El tema del hombre).

Trombetta, Bruno. *A Igreja, os presos e a sociedade*. Petrópolis, Vozes, 1989.

Tubenchlak, James. *Crise social e delinqüência*. Rio de Janeiro, Freitas de Bastos, 1981.

Uflacker, Hugolino de Andrade. *O caso Eichman*. Porto Alegre, Oficinas Gráfica Moderna, 1961.

Varaut, Jean-Marc. *La prison pour quoi faire?* Paris, Table Ronde, 1972.

Voulet, Jacques. Les prisons (Que sais-je? n. 493). Paris, Presses Universitaires de France, 1951. 125 pp.

Wilkerson, David. *A cruz e o punhal*; a história emocionante da luta de um pregador contra o crime juvenil nas favelas das grandes cidades. Venda Nova, Betânia, 1976.

Wolff, Maria Palma. *Prisões no Rio Grande do Sul*; aspectos de sua evolução e problemática (1953-1989). 1993. Dissertação (Mestrado em Serviço Social) – Pontifícia Universidade Católica do Rio Grande do Sul, Porto Alegre.

Wurmbrand, Richard. *Mes prisons avec Dieu*. Paris, Casterman, 1968.

Sumário

Apresentação 5

Introdução 9

Capítulo 1 – Fundamentos da Pastoral Carcerária 13
1. Fundamento bíblico 13
2. Fundamento eclesial 20
3. Fundamento civil 28

Capítulo 2 – Onde se realiza a Pastoral Carcerária 33
1. A prisão, para quê? 33
2. Desumanidade estrutural da prisão 35
3. Instituição desumana 38
4. A prisão, uma instituição falida 42

Capítulo 3 – A quem se dirige a Pastoral Carcerária 51
1. Os presos 51
2. Os funcionários 80
3. Os familiares dos presos 99
4. A sociedade 104

Capítulo 4 – Quem faz a Pastoral Carcerária 117
1. Os agentes da Pastoral Carcerária 117
2. Qualidades do agente da Pastoral Carcerária 124

Capítulo 5 – O que pretende a Pastoral Carcerária 135
1. Reconciliação 135
2. Uma pastoral de amor e perdão 138

Capítulo 6 – O que faz a Pastoral Carcerária 143
1. Atividades de caráter religioso 143
2. Atividades de ordem política 148
3. Atividades de ordem assistencial 151

CAPÍTULO 7 – Como se faz a Pastoral Carcerária 161
  1. Organização 161
  2. Procedimentos 164

CONCLUSÃO – A utopia, uma sociedade sem prisões 169

ANEXO I – Oração do preso composta por Paulo VI 171

ANEXO II – Oração do preso por sua família 173

Sugestões de leitura 175

Impresso na gráfica da
Pia Sociedade Filhas de São Paulo
Via Raposo Tavares, km 19,145
05577-300 - São Paulo, SP - Brasil - 2008